HINDI
VOCABOLARIO

PER STUDIO AUTODIDATTICO

ITALIANO-HINDI

Le parole più utili
Per ampliare il proprio lessico e affinare
le proprie abilità linguistiche

5000 parole

Vocabolario Italiano-Hindi per studio autodidattico - 5000 parole
Di Andrey Taranov

I vocabolari T&P Books si propongono come strumento di aiuto per apprendere, memorizzare e revisionare l'uso di termini stranieri. Il dizionario si divide in vari argomenti che includono la maggior parte delle attività quotidiane, tra cui affari, scienza, cultura, ecc.

Il processo di apprendimento delle parole attraverso i dizionari divisi in liste tematiche della collana T&P Books offre i seguenti vantaggi:

- Le fonti d'informazione correttamente raggruppate garantiscono un buon risultato nella memorizzazione delle parole
- La possibilità di memorizzare gruppi di parole con la stessa radice (piuttosto che memorizzarle separatamente)
- Piccoli gruppi di parole facilitano il processo di apprendimento per associazione, utile al potenziamento lessicale
- Il livello di conoscenza della lingua può essere valutato attraverso il numero di parole apprese

Copyright © 2018 T&P Books Publishing

Tutti i diritti riservati. Nessuna parte del presente volume può essere riprodotta o trasmessa in qualsiasi forma o con qualsiasi mezzo elettronico, meccanico, fotocopie, registrazioni o riproduzioni senza l'autorizzazione scritta dell'editore.

T&P Books Publishing
www.tpbooks.com

ISBN: 978-1-78616-568-8

Questo libro è disponibile anche in formato e-book.
Visitate il sito www.tpbooks.com o le principali librerie online.

VOCABOLARIO HINDI
per studio autodidattico

I vocabolari T&P Books si propongono come strumento di aiuto per apprendere, memorizzare e revisionare l'uso di termini stranieri. Il vocabolario contiene oltre 5000 parole di uso comune ordinate per argomenti.

- Il vocabolario contiene le parole più comunemente usate
- È consigliato in aggiunta ad un corso di lingua
- Risponde alle esigenze degli studenti di lingue straniere sia essi principianti o di livello avanzato
- Pratico per un uso quotidiano, per gli esercizi di revisione e di autovalutazione
- Consente di valutare la conoscenza del proprio lessico

Caratteristiche specifiche del vocabolario:

- Le parole sono ordinate secondo il proprio significato e non alfabeticamente
- Le parole sono riportate in tre colonne diverse per facilitare il metodo di revisione e autovalutazione
- I gruppi di parole sono divisi in sottogruppi per facilitare il processo di apprendimento
- Il vocabolario offre una pratica e semplice trascrizione fonetica per ogni termine straniero

Il vocabolario contiene 155 argomenti tra cui:

Concetti di Base, Numeri, Colori, Mesi, Stagioni, Unità di Misura, Abbigliamento e Accessori, Cibo e Alimentazione, Ristorante, Membri della Famiglia, Parenti, Personalità, Sentimenti, Emozioni, Malattie, Città, Visita Turistica, Acquisti, Denaro, Casa, Ufficio, Lavoro d'Ufficio, Import-export, Marketing, Ricerca di un Lavoro, Sport, Istruzione, Computer, Internet, Utensili, Natura, Paesi, Nazionalità e altro ancora ...

INDICE

Guida alla pronuncia	9
Abbreviazioni	11

CONCETTI DI BASE 12
Concetti di base. Parte 1   12

1. Pronomi   12
2. Saluti. Convenevoli. Saluti di congedo   12
3. Come rivolgersi   13
4. Numeri cardinali. Parte 1   13
5. Numeri cardinali. Parte 2   14
6. Numeri ordinali   15
7. Numeri. Frazioni   15
8. Numeri. Operazioni aritmetiche di base   15
9. Numeri. Varie   15
10. I verbi più importanti. Parte 1   16
11. I verbi più importanti. Parte 2   17
12. I verbi più importanti. Parte 3   18
13. I verbi più importanti. Parte 4   19
14. Colori   19
15. Domande   20
16. Preposizioni   21
17. Parole grammaticali. Avverbi. Parte 1   21
18. Parole grammaticali. Avverbi. Parte 2   23

Concetti di base. Parte 2   25

19. Giorni della settimana   25
20. Ore. Giorno e notte   25
21. Mesi. Stagioni   26
22. Unità di misura   28
23. Contenitori   29

ESSERE UMANO 30
Essere umano. Il corpo umano   30

24. Testa   30
25. Corpo umano   31

Abbigliamento e Accessori   32

26. Indumenti. Soprabiti   32
27. Men's & women's clothing   32

28. Abbigliamento. Biancheria intima	33
29. Copricapo	33
30. Calzature	33
31. Accessori personali	34
32. Abbigliamento. Varie	34
33. Cura della persona. Cosmetici	35
34. Orologi da polso. Orologio	36

Cibo. Alimentazione 37

35. Cibo	37
36. Bevande	38
37. Verdure	39
38. Frutta. Noci	40
39. Pane. Dolci	41
40. Pietanze cucinate	41
41. Spezie	42
42. Pasti	43
43. Preparazione della tavola	43
44. Ristorante	44

Famiglia, parenti e amici 45

| 45. Informazioni personali. Moduli | 45 |
| 46. Membri della famiglia. Parenti | 45 |

Medicinali 47

47. Malattie	47
48. Sintomi. Cure. Parte 1	48
49. Sintomi. Cure. Parte 2	49
50. Sintomi. Cure. Parte 3	50
51. Medici	51
52. Medicinali. Farmaci. Accessori	51

HABITAT UMANO 52
Città 52

53. Città. Vita di città	52
54. Servizi cittadini	53
55. Cartelli	54
56. Mezzi pubblici in città	55
57. Visita turistica	56
58. Acquisti	57
59. Denaro	58
60. Posta. Servizio postale	59

Abitazione. Casa 60

| 61. Casa. Elettricità | 60 |

62. Villa. Palazzo 60
63. Appartamento 60
64. Arredamento. Interno 61
65. Biancheria da letto 62
66. Cucina 62
67. Bagno 63
68. Elettrodomestici 64

ATTIVITÀ UMANA 65
Lavoro. Affari. Parte 1 65

69. Ufficio. Lavorare in ufficio 65
70. Operazioni d'affari. Parte 1 66
71. Operazioni d'affari. Parte 2 67
72. Attività produttiva. Lavori 68
73. Contratto. Accordo 69
74. Import-export 70
75. Mezzi finanziari 70
76. Marketing 71
77. Pubblicità 71
78. Attività bancaria 72
79. Telefono. Conversazione telefonica 73
80. Telefono cellulare 73
81. Articoli di cancelleria 74
82. Generi di attività commerciali 74

Lavoro. Affari. Parte 2 77

83. Spettacolo. Mostra 77
84. Scienza. Ricerca. Scienziati 78

Professioni e occupazioni 79

85. Ricerca di un lavoro. Licenziamento 79
86. Gente d'affari 79
87. Professioni amministrative 80
88. Professioni militari e gradi 81
89. Funzionari. Sacerdoti 82
90. Professioni agricole 82
91. Professioni artistiche 83
92. Professioni varie 83
93. Attività lavorative. Condizione sociale 85

Istruzione 86

94. Scuola 86
95. Istituto superiore. Università 87
96. Scienze. Discipline 88
97. Sistema di scrittura. Ortografia 88
98. Lingue straniere 89

Ristorante. Intrattenimento. Viaggi   91

99. Escursione. Viaggio   91
100. Hotel   91

ATTREZZATURA TECNICA. MEZZI DI TRASPORTO   93
Attrezzatura tecnica   93

101. Computer   93
102. Internet. Posta elettronica   94
103. Elettricità   95
104. Utensili   95

Mezzi di trasporto   98

105. Aeroplano   98
106. Treno   99
107. Nave   100
108. Aeroporto   101

Situazioni quotidiane   103

109. Vacanze. Evento   103
110. Funerali. Sepoltura   104
111. Guerra. Soldati   104
112. Guerra. Azioni militari. Parte 1   105
113. Guerra. Azioni militari. Parte 2   107
114. Armi   108
115. Gli antichi   110
116. Il Medio Evo   110
117. Leader. Capo. Le autorità   112
118. Infrangere la legge. Criminali. Parte 1   113
119. Infrangere la legge. Criminali. Parte 2   114
120. Polizia. Legge. Parte 1   115
121. Polizia. Legge. Parte 2   116

LA NATURA   118
La Terra. Parte 1   118

122. L'Universo   118
123. La Terra   119
124. Punti cardinali   120
125. Mare. Oceano   120
126. Nomi dei mari e degli oceani   121
127. Montagne   122
128. Nomi delle montagne   123
129. Fiumi   123
130. Nomi dei fiumi   124
131. Foresta   124
132. Risorse naturali   125

La Terra. Parte 2   127

133. Tempo   127
134. Rigide condizioni metereologiche. Disastri naturali   128

Fauna   129

135. Mammiferi. Predatori   129
136. Animali selvatici   129
137. Animali domestici   130
138. Uccelli   131
139. Pesci. Animali marini   133
140. Anfibi. Rettili   133
141. Insetti   134

Flora   135

142. Alberi   135
143. Arbusti   135
144. Frutti. Bacche   136
145. Fiori. Piante   137
146. Cereali, granaglie   138

PAESI. NAZIONALITÀ   139

147. Europa occidentale   139
148. Europa centrale e orientale   139
149. Paesi dell'ex Unione Sovietica   140
150. Asia   140
151. America del Nord   141
152. America centrale e America del Sud   141
153. Africa   141
154. Australia. Oceania   142
155. Città   142

GUIDA ALLA PRONUNCIA

Lettera	Esempio hindi	Alfabeto fonetico T&P	Esempio italiano

Vocali

अ	अक्सर	[a]; [ɑ], [ə]	vantarsi; soldato
आ	आगमन	[a:]	scusare
इ	इनाम	[i]	vittoria
ई	ईश्वर	[i], [i:]	vittoria
उ	उठना	[ʊ]	prugno
ऊ	ऊपर	[u:]	discutere
ऋ	ऋग्वेद	[r, rʲ]	attrice
ए	एकता	[e:]	essere
ऐ	ऐनक	[aj]	marinaio
ओ	ओला	[o:]	coordinare
औ	औरत	[au]	pausa
अं	अंजीर	[ŋ]	fango
अः	अ से अः	[h]	[h] aspirate
ऑ	ऑफिस	[ɒ]	hall

Consonanti

क	कमरा	[k]	cometa
ख	खिड़की	[kh]	[k] aspirate
ग	गरज	[g]	guerriero
घ	घर	[gh]	[g] aspirate
ङ	ङाकू	[ŋ]	fango
च	चक्कर	[tʃ]	cinque
छ	छात्र	[tʃh]	[tsch] aspirate
ज	जाना	[dʒ]	piangere
झ	झलक	[dʒ]	piangere
ञ	विज्ञान	[ɲ]	stagno
ट	मटर	[t]	tattica
ठ	ठेका	[th]	[t] aspirate
ड	डंडा	[d]	doccia
ढ	ढलान	[d]	doccia
ण	क्षण	[n]	La nasale retroflessa
त	ताकत	[t]	tattica
थ	थकना	[th]	[t] aspirate
द	दरवाज़ा	[d]	doccia
ध	धोना	[d]	doccia
न	नाई	[n]	novanta

Lettera	Esempio hindi	Alfabeto fonetico T&P	Esempio italiano
प	पिता	[p]	pieno
फ	फल	[f]	ferrovia
ब	बच्चा	[b]	bianco
भ	भाई	[b]	bianco
म	माता	[m]	mostra
य	याद	[j]	New York
र	रीछ	[r]	ritmo, raro
ल	लाल	[l]	saluto
व	वचन	[v]	volare
श	शिक्षक	[ʃ]	ruscello
ष	भाषा	[ʃ]	ruscello
स	सोना	[s]	sapere
ह	हज़ार	[h]	[h] aspirate

Consonanti addizionali

क़	क़लम	[q]	cometa
ख़	ख़बर	[h]	[h] aspirate
ड़	लड़का	[r]	ritmo, raro
ढ़	पढ़ना	[r]	ritmo, raro
ग़	ग़लती	[ɣ]	simile gufo, gatto
ज़	ज़िन्दगी	[z]	rosa
झ़	ट्रेझ़र	[ʒ]	beige
फ़	फ़ौज	[f]	ferrovia

ABBREVIAZIONI
usate nel vocabolario

Italiano. Abbreviazioni

agg	-	aggettivo
anim.	-	animato
avv	-	avverbio
cong	-	congiunzione
ecc.	-	eccetera
f	-	sostantivo femminile
f pl	-	femminile plurale
fem.	-	femminile
form.	-	formale
inanim.	-	inanimato
inform.	-	familiare
m	-	sostantivo maschile
m pl	-	maschile plurale
m, f	-	maschile, femminile
masc.	-	maschile
mil.	-	militare
pl	-	plurale
pron	-	pronome
qc	-	qualcosa
qn	-	qualcuno
sing.	-	singolare
v aus	-	verbo ausiliare
vi	-	verbo intransitivo
vi, vt	-	verbo intransitivo, transitivo
vr	-	verbo riflessivo
vt	-	verbo transitivo

Hindi. Abbreviazioni

f	-	sostantivo femminile
f pl	-	femminile plurale
m	-	sostantivo maschile
m pl	-	maschile plurale

CONCETTI DI BASE

Concetti di base. Parte 1

1. Pronomi

io	मैं	main
tu	तुम	tum
egli, ella, esso, essa	वह	vah
noi	हम	ham
voi	आप	āp
loro	वे	ve

2. Saluti. Convenevoli. Saluti di congedo

Salve!	नमस्कार!	namaskār!
Buongiorno!	नमस्ते!	namaste!
Buongiorno! (la mattina)	नमस्ते!	namaste!
Buon pomeriggio!	नमस्ते!	namaste!
Buonasera!	नमस्ते!	namaste!
salutare (vt)	नमस्कार कहना	namaskār kahana
Ciao! Salve!	नमस्कार!	namaskār!
saluto (m)	अभिवादन (m)	abhivādan
salutare (vt)	अभिवादन करना	abhivādan karana
Come sta? Come stai?	आप कैसे हैं?	āp kaise hain?
Che c'è di nuovo?	क्या हाल है?	kya hāl hai?
Arrivederci!	अलविदा!	alavida!
A presto!	फिर मिलेंगे!	fir milenge!
Addio! (inform.)	अलिवदा!	alivada!
Addio! (form.)	अलविदा!	alavida!
congedarsi (vr)	अलविदा कहना	alavida kahana
Ciao! (A presto!)	अलविदा!	alavida!
Grazie!	धन्यवाद!	dhanyavād!
Grazie mille!	बहुत बहुत शुक्रिया!	bahut bahut shukriya!
Prego	कोई बात नहीं	koī bāt nahin
Non c'è di che!	कोई बात नहीं	koī bāt nahin
Di niente	कोई बात नहीं	koī bāt nahin
Scusa!	माफ़ कीजिएगा!	māf kījiega!
Scusi!	माफ़ी कीजियेगा!	māfī kījiyega!
scusare (vt)	माफ़ करना	māf karana
scusarsi (vr)	माफ़ी मांगना	māfī māngana
Chiedo scusa	मुझे माफ़ कीजिएगा	mujhe māf kījiega

Mi perdoni!	मुझे माफ़ कीजिएगा!	mujhe māf kījiega!
perdonare (vt)	माफ़ करना	māf karana
per favore	कृप्या	krpya

Non dimentichi!	भूलना नहीं!	bhūlana nahin!
Certamente!	ज़रूर!	zarūr!
Certamente no!	बिल्कुल नहीं!	bilkul nahin!
D'accordo!	ठीक है!	thīk hai!
Basta!	बहुत हुआ!	bahut hua!

3. Come rivolgersi

signore	श्रीमान	shrīmān
signora	श्रीमती	shrīmatī
signorina	मैम	maim
signore	बेटा	beta
ragazzo	बेटा	beta
ragazza	कुमारी	kumārī

4. Numeri cardinali. Parte 1

zero (m)	ज़ीरो	zīro
uno	एक	ek
due	दो	do
tre	तीन	tīn
quattro	चार	chār

cinque	पाँच	pānch
sei	छह	chhah
sette	सात	sāt
otto	आठ	āth
nove	नौ	nau

dieci	दस	das
undici	ग्यारह	gyārah
dodici	बारह	bārah
tredici	तेरह	terah
quattordici	चौदह	chaudah

quindici	पन्द्रह	pandrah
sedici	सोलह	solah
diciassette	सत्रह	satrah
diciotto	अठारह	athārah
diciannove	उन्नीस	unnīs

venti	बीस	bīs
ventuno	इक्कीस	ikkīs
ventidue	बाईस	baīs
ventitre	तेईस	teīs

| trenta | तीस | tīs |
| trentuno | इकत्तीस | ikattīs |

trentadue	बत्तीस	battīs
trentatre	तैंतीस	taintīs
quaranta	चालीस	chālīs
quarantuno	इक्तालीस	iktālīs
quarantadue	बयालीस	bayālīs
quarantatre	तैंतालीस	taintālīs
cinquanta	पचास	pachās
cinquantuno	इक्यावन	ikyāvan
cinquantadue	बावन	bāvan
cinquantatre	तिरपन	tirapan
sessanta	साठ	sāth
sessantuno	इकसठ	ikasath
sessantadue	बासठ	bāsath
sessantatre	तिरसठ	tirasath
settanta	सत्तर	sattar
settantuno	इकहत्तर	ikahattar
settantadue	बहत्तर	bahattar
settantatre	तिहत्तर	tihattar
ottanta	अस्सी	assī
ottantuno	इक्यासी	ikyāsī
ottantadue	बयासी	bayāsī
ottantatre	तिरासी	tirāsī
novanta	नब्बे	nabbe
novantuno	इक्यानवे	ikyānave
novantadue	बानवे	bānave
novantatre	तिरानवे	tirānave

5. Numeri cardinali. Parte 2

cento	सौ	sau
duecento	दो सौ	do sau
trecento	तीन सौ	tīn sau
quattrocento	चार सौ	chār sau
cinquecento	पाँच सौ	pānch sau
seicento	छह सौ	chhah sau
settecento	सात सो	sāt so
ottocento	आठ सौ	āth sau
novecento	नौ सौ	nau sau
mille	एक हज़ार	ek hazār
duemila	दो हज़ार	do hazār
tremila	तीन हज़ार	tīn hazār
diecimila	दस हज़ार	das hazār
centomila	एक लाख	ek lākh
milione (m)	दस लाख (m)	das lākh
miliardo (m)	अरब (m)	arab

6. Numeri ordinali

primo	पहला	pahala
secondo	दूसरा	dūsara
terzo	तीसरा	tīsara
quarto	चौथा	chautha
quinto	पाँचवाँ	pānchavān
sesto	छठा	chhatha
settimo	सातवाँ	sātavān
ottavo	आठवाँ	āthavān
nono	नौवाँ	nauvān
decimo	दसवाँ	dasavān

7. Numeri. Frazioni

frazione (f)	अपूर्णांक (m)	apūrnānk
un mezzo	आधा	ādha
un terzo	एक तीहाई	ek tīhaī
un quarto	एक चौथाई	ek chauthaī
un ottavo	आठवां हिस्सा	āthavān hissa
un decimo	दसवां हिस्सा	dasavān hissa
due terzi	दो तिहाई	do tihaī
tre quarti	पौना	pauna

8. Numeri. Operazioni aritmetiche di base

sottrazione (f)	घटाव (m)	ghatāv
sottrarre (vt)	घटाना	ghatāna
divisione (f)	विभाजन (m)	vibhājan
dividere (vt)	विभाजित करना	vibhājit karana
addizione (f)	जोड़ (m)	jor
addizionare (vt)	जोड़ करना	jor karana
aggiungere (vt)	जोड़ना	jorana
moltiplicazione (f)	गुणन (m)	gunan
moltiplicare (vt)	गुणा करना	guna karana

9. Numeri. Varie

cifra (f)	अंक (m)	ank
numero (m)	संख्या (f)	sankhya
numerale (m)	संख्यावाचक (m)	sankhyāvāchak
meno (m)	घटाव चिह्न (m)	ghatāv chihn
più (m)	जोड़ चिह्न (m)	jor chihn
formula (f)	फ़ारमूला (m)	fāramūla
calcolo (m)	गणना (f)	ganana
contare (vt)	गिनना	ginana

calcolare (vt)	गिनती करना	ginatī karana
comparare (vt)	तुलना करना	tulana karana
Quanto? Quanti?	कितना?	kitana?
somma (f)	कुल (m)	kul
risultato (m)	नतीजा (m)	natīja
resto (m)	शेष (m)	shesh
qualche ...	कुछ	kuchh
un po' di ...	थोड़ा ...	thora ...
resto (m)	बाक़ी	bāqī
uno e mezzo	डेढ़	derh
dozzina (f)	दर्जन (m)	darjan
in due	दो भागों में	do bhāgon men
in parti uguali	बराबर	barābar
metà (f), mezzo (m)	आधा (m)	ādha
volta (f)	बार (m)	bār

10. I verbi più importanti. Parte 1

accorgersi (vr)	देखना	dekhana
afferrare (vt)	पकड़ना	pakarana
affittare (dare in affitto)	किराए पर लेना	kirae par lena
aiutare (vt)	मदद करना	madad karana
amare (qn)	प्यार करना	pyār karana
andare (camminare)	जाना	jāna
annotare (vt)	लिख लेना	likh lena
appartenere (vi)	स्वामी होना	svāmī hona
aprire (vt)	खोलना	kholana
arrivare (vi)	पहुँचना	pahunchana
aspettare (vt)	इंतज़ार करना	intazār karana
avere (vt)	होना	hona
avere fame	भूख लगना	bhūkh lagana
avere fretta	जल्दी करना	jaldī karana
avere paura	डरना	darana
avere sete	प्यास लगना	pyās lagana
avvertire (vt)	चेतावनी देना	chetāvanī dena
cacciare (vt)	शिकार करना	shikār karana
cadere (vi)	गिरना	girana
cambiare (vt)	बदलना	badalana
capire (vt)	समझना	samajhana
cenare (vi)	रात्रिभोज करना	rātribhoj karana
cercare (vt)	तलाश करना	talāsh karana
cessare (vt)	बंद करना	band karana
chiedere (~ aiuto)	बुलाना	bulāna
chiedere (domandare)	पूछना	pūchhana
cominciare (vt)	शुरू करना	shurū karana
comparare (vt)	तुलना करना	tulana karana

confondere (vt)	गड़बड़ा जाना	garabara jāna
conoscere (qn)	जानना	jānana
conservare (vt)	रखना	rakhana
consigliare (vt)	सलाह देना	salāh dena
contare (calcolare)	गिनना	ginana
contare su ...	भरोसा रखना	bharosa rakhana
continuare (vt)	जारी रखना	jārī rakhana
controllare (vt)	नियंत्रित करना	niyantrit karana
correre (vi)	दौड़ना	daurana
costare (vt)	दाम होना	dām hona
creare (vt)	बनाना	banāna
cucinare (vi)	खाना बनाना	khāna banāna

11. I verbi più importanti. Parte 2

dare (vt)	देना	dena
dare un suggerimento	इशारा करना	ishāra karana
decorare (adornare)	सजाना	sajāna
difendere (~ un paese)	रक्षा करना	raksha karana
dimenticare (vt)	भूलना	bhūlana
dire (~ la verità)	कहना	kahana
dirigere (compagnia, ecc.)	प्रबंधन करना	prabandhan karana
discutere (vt)	चर्चा करना	charcha karana
domandare (vt)	माँगना	māngana
dubitare (vi)	शक करना	shak karana
entrare (vi)	अंदर आना	andar āna
esigere (vt)	माँगना	māngana
esistere (vi)	होना	hona
essere (vi)	होना	hona
essere d'accordo	राज़ी होना	rāzī hona
fare (vt)	करना	karana
fare colazione	नाश्ता करना	nāshta karana
fare il bagno	तैरना	tairana
fermarsi (vr)	रुकना	rukana
fidarsi (vr)	यकीन करना	yakīn karana
finire (vt)	ख़त्म करना	khatm karana
firmare (~ un documento)	हस्ताक्षर करना	hastākshar karana
giocare (vi)	खेलना	khelana
girare (~ a destra)	मुड़ जाना	mur jāna
gridare (vi)	चिल्लाना	chillāna
indovinare (vt)	अंदाज़ा लगाना	andāza lagāna
informare (vt)	खबर देना	khabar dena
ingannare (vt)	धोखा देना	dhokha dena
insistere (vi)	आग्रह करना	āgrah karana
insultare (vt)	अपमान करना	apamān karana
interessarsi di ...	रुचि लेना	ruchi lena

invitare (vt)	आमंत्रित करना	āmantrit karana
lamentarsi (vr)	शिकायत करना	shikāyat karana
lasciar cadere	गिराना	girāna
lavorare (vi)	काम करना	kām karana
leggere (vi, vt)	पढ़ना	parhana
liberare (vt)	आज़ाद करना	āzād karana

12. I verbi più importanti. Parte 3

mancare le lezioni	ग़ैर-हाज़िर होना	gair-hāzir hona
mandare (vt)	भेजना	bhejana
menzionare (vt)	उल्लेख करना	ullekh karana
minacciare (vt)	धमकाना	dhamakāna
mostrare (vt)	दिखाना	dikhāna
nascondere (vt)	छिपाना	chhipāna
nuotare (vi)	तैरना	tairana
obiettare (vt)	एतराज़ करना	etarāz karana
occorrere (vimp)	आवश्यक होना	āvashyak hona
ordinare (~ il pranzo)	ऑर्डर करना	ordar karana
ordinare (mil.)	हुक्म देना	hukm dena
osservare (vt)	देखना	dekhana
pagare (vi, vt)	दाम चुकाना	dām chukāna
parlare (vi, vt)	बोलना	bolana
partecipare (vi)	भाग लेना	bhāg lena
pensare (vi, vt)	सोचना	sochana
perdonare (vt)	क्षमा करना	kshama karana
permettere (vt)	अनुमति देना	anumati dena
piacere (vi)	पसंद करना	pasand karana
piangere (vi)	रोना	rona
pianificare (vt)	योजना बनाना	yojana banāna
possedere (vt)	मालिक होना	mālik hona
potere (v aus)	सकना	sakana
pranzare (vi)	दोपहर का भोजन करना	dopahar ka bhojan karana
preferire (vt)	तरजीह देना	tarajīh dena
pregare (vi, vt)	दुआ देना	dua dena
prendere (vt)	लेना	lena
prevedere (vt)	उम्मीद करना	ummīd karana
promettere (vt)	वचन देना	vachan dena
pronunciare (vt)	उच्चारण करना	uchchāran karana
proporre (vt)	प्रस्ताव रखना	prastāv rakhana
punire (vt)	सज़ा देना	saza dena
raccomandare (vt)	सिफ़ारिश करना	sifārish karana
ridere (vi)	हंसना	hansana
rifiutarsi (vr)	इन्कार करना	inkār karana
rincrescere (vi)	अफ़सोस जताना	afasos jatāna
ripetere (ridire)	दोहराना	doharāna
riservare (vt)	बुक करना	buk karana

rispondere (vi, vt)	जवाब देना	javāb dena
rompere (spaccare)	तोड़ना	torana
rubare (~ i soldi)	चुराना	churāna

13. I verbi più importanti. Parte 4

salvare (~ la vita a qn)	बचाना	bachāna
sapere (vt)	मालूम होना	mālūm hona
sbagliare (vi)	गलती करना	galatī karana
scavare (vt)	खोदना	khodana
scegliere (vt)	चुनना	chunana
scendere (vi)	उतरना	utarana
scherzare (vi)	मज़ाक करना	mazāk karana
scrivere (vt)	लिखना	likhana
scusarsi (vr)	माफ़ी मांगना	māfī māngana
sedersi (vr)	बैठना	baithana
seguire (vt)	पीछे चलना	pīchhe chalana
sgridare (vt)	डाँटना	dāntana
significare (vt)	अर्थ होना	arth hona
sorridere (vi)	मुस्कुराना	muskurāna
sottovalutare (vt)	कम मूल्यांकन करना	kam mūlyānkan karana
sparare (vi)	गोली चलाना	golī chalāna
sperare (vi, vt)	आशा करना	āsha karana
spiegare (vt)	समझाना	samajhāna
studiare (vt)	पढ़ाई करना	parhaī karana
stupirsi (vr)	हैरान होना	hairān hona
tacere (vi)	चुप रहना	chup rahana
tentare (vt)	कोशिश करना	koshish karana
toccare (~ con le mani)	छूना	chhūna
tradurre (vt)	अनुवाद करना	anuvād karana
trovare (vt)	ढूँढना	dhūrhana
uccidere (vt)	मार डालना	mār dālana
udire (percepire suoni)	सुनना	sunana
unire (vt)	संयुक्त करना	sanyukt karana
uscire (vi)	बाहर जाना	bāhar jāna
vantarsi (vr)	डींग मारना	dīng mārana
vedere (vt)	देखना	dekhana
vendere (vt)	बेचना	bechana
volare (vi)	उड़ना	urana
volere (desiderare)	चाहना	chāhana

14. Colori

colore (m)	रंग (m)	rang
sfumatura (f)	रंग (m)	rang
tono (m)	रंग (m)	rang

Italiano	Hindi	Traslitterazione
arcobaleno (m)	इन्द्रधनुष (f)	indradhanush
bianco (agg)	सफ़ेद	safed
nero (agg)	काला	kāla
grigio (agg)	धूसर	dhūsar
verde (agg)	हरा	hara
giallo (agg)	पीला	pīla
rosso (agg)	लाल	lāl
blu (agg)	नीला	nīla
azzurro (agg)	हल्का नीला	halka nīla
rosa (agg)	गुलाबी	gulābī
arancione (agg)	नारंगी	nārangī
violetto (agg)	बैंगनी	bainganī
marrone (agg)	भूरा	bhūra
d'oro (agg)	सुनहरा	sunahara
argenteo (agg)	चांदी-जैसा	chāndī-jaisa
beige (agg)	हल्का भूरा	halka bhūra
color crema (agg)	क्रीम	krīm
turchese (agg)	फ़िरोज़ी	firozī
rosso ciliegia (agg)	चेरी जैसा लाल	cherī jaisa lāl
lilla (agg)	हल्का बैंगनी	halka bainganī
rosso lampone (agg)	गहरा लाल	gahara lāl
chiaro (agg)	हल्का	halka
scuro (agg)	गहरा	gahara
vivo, vivido (agg)	चमकीला	chamakīla
colorato (agg)	रंगीन	rangīn
a colori	रंगीन	rangīn
bianco e nero (agg)	काला-सफ़ेद	kāla-safed
in tinta unita	एक रंग का	ek rang ka
multicolore (agg)	बहुरंगी	bahurangī

15. Domande

Italiano	Hindi	Traslitterazione
Chi?	कौन?	kaun?
Che cosa?	क्या?	kya?
Dove? (in che luogo?)	कहाँ?	kahān?
Dove? (~ vai?)	किधर?	kidhar?
Di dove?, Da dove?	कहाँ से?	kahān se?
Quando?	कब?	kab?
Perché? (per quale scopo?)	क्यों?	kyon?
Perché? (per quale ragione?)	क्यों?	kyon?
Per che cosa?	किस लिये?	kis liye?
Come?	कैसे?	kaise?
Che? (~ colore è?)	कौन-सा?	kaun-sa?
Quale?	कौन-सा?	kaun-sa?
A chi?	किसको?	kisako?
Di chi?	किसके बारे में?	kisake bāre men?

Di che cosa?	किसके बारे में?	kisake bāre men?
Con chi?	किसके?	kisake?
Quanti?, Quanto?	कितना?	kitana?
Di chi?	किसका?	kisaka?

16. Preposizioni

con (tè ~ il latte)	के साथ	ke sāth
senza	के बिना	ke bina
a (andare ~ ...)	की तरफ़	kī taraf
di (parlare ~ ...)	के बारे में	ke bāre men
prima di ...	के पहले	ke pahale
di fronte a ...	के सामने	ke sāmane
sotto (avv)	के नीचे	ke nīche
sopra (al di ~)	के ऊपर	ke ūpar
su (sul tavolo, ecc.)	पर	par
da, di (via da ..., fuori di ...)	से	se
di (fatto ~ cartone)	से	se
fra (~ dieci minuti)	में	men
attraverso (dall'altra parte)	के ऊपर चढ़कर	ke ūpar charhakar

17. Parole grammaticali. Avverbi. Parte 1

Dove?	कहाँ?	kahān?
qui (in questo luogo)	यहाँ	yahān
lì (in quel luogo)	वहां	vahān
da qualche parte (essere ~)	कहीं	kahīn
da nessuna parte	कहीं नहीं	kahīn nahin
vicino a ...	के पास	ke pās
vicino alla finestra	खिड़की के पास	khirakī ke pās
Dove?	किधर?	kidhar?
qui (vieni ~)	इधर	idhar
ci (~ vado stasera)	उधर	udhar
da qui	यहां से	yahān se
da lì	वहां से	vahān se
vicino, accanto (avv)	पास	pās
lontano (avv)	दूर	dūr
vicino (~ a Parigi)	निकट	nikat
vicino (qui ~)	पास	pās
non lontano	दूर नहीं	dūr nahin
sinistro (agg)	बायाँ	bāyān
a sinistra (rimanere ~)	बायीं तरफ़	bāyīn taraf
a sinistra (girare ~)	बायीं तरफ़	bāyīn taraf

Italiano	Hindi	Traslitterazione
destro (agg)	दायां	dāyān
a destra (rimanere ~)	दायीं तरफ़	dāyīn taraf
a destra (girare ~)	दायीं तरफ़	dāyīn taraf
davanti	सामने	sāmane
anteriore (agg)	सामने का	sāmane ka
avanti	आगे	āge
dietro (avv)	पीछे	pīchhe
da dietro	पीछे से	pīchhe se
indietro	पीछे	pīchhe
mezzo (m), centro (m)	बीच (m)	bīch
in mezzo, al centro	बीच में	bīch men
di fianco	कोने में	kone men
dappertutto	सभी	sabhī
attorno	आस-पास	ās-pās
da dentro	अंदर से	andar se
da qualche parte (andare ~)	कहीं	kahīn
dritto (direttamente)	सीधे	sīdhe
indietro	वापस	vāpas
da qualsiasi parte	कहीं से भी	kahīn se bhī
da qualche posto (veniamo ~)	कहीं से	kahīn se
in primo luogo	पहले	pahale
in secondo luogo	दूसरा	dūsara
in terzo luogo	तीसरा	tīsara
all'improvviso	अचानक	achānak
all'inizio	शुरू में	shurū men
per la prima volta	पहली बार	pahalī bār
molto tempo prima di...	बहुत समय पहले ...	bahut samay pahale ...
di nuovo	नई शुरूआत	naī shurūāt
per sempre	हमेशा के लिए	hamesha ke lie
mai	कभी नहीं	kabhī nahin
ancora	फिर से	fir se
adesso	अब	ab
spesso (avv)	अकसर	akasar
allora	तब	tab
urgentemente	तत्काल	tatkāl
di solito	आमतौर पर	āmataur par
a proposito, ...	प्रसंगवश	prasangavash
è possibile	मुमकिन	mumakin
probabilmente	संभव	sambhav
forse	शायद	shāyad
inoltre ...	इस के अलावा	is ke alāva
ecco perché ...	इस लिए	is lie
nonostante (~ tutto)	फिर भी ...	fir bhī ...
grazie a ...	... की मेहरबानी से	... kī meharabānī se
che cosa (pron)	क्या	kya

che (cong)	कि	ki
qualcosa (qualsiasi cosa)	कुछ	kuchh
qualcosa (le serve ~?)	कुछ भी	kuchh bhī
niente	कुछ नहीं	kuchh nahin
chi (pron)	कौन	kaun
qualcuno (annuire a ~)	कोई	koī
qualcuno (dipendere da ~)	कोई	koī
nessuno	कोई नहीं	koī nahin
da nessuna parte	कहीं नहीं	kahīn nahin
di nessuno	किसी का नहीं	kisī ka nahin
di qualcuno	किसी का	kisī ka
così (era ~ arrabbiato)	कितना	kitana
anche (penso ~ a ...)	भी	bhī
anche, pure	भी	bhī

18. Parole grammaticali. Avverbi. Parte 2

Perché?	क्यों?	kyon?
per qualche ragione	किसी कारणवश	kisī kāranavash
perché ...	क्यों कि ...	kyon ki ...
per qualche motivo	किसी वजह से	kisī vajah se
e (cong)	और	aur
o (sì ~ no?)	या	ya
ma (però)	लेकिन	lekin
per (~ me)	के लिए	ke lie
troppo	ज़्यादा	zyāda
solo (avv)	सिर्फ़	sirf
esattamente	ठीक	thīk
circa (~ 10 dollari)	करीब	karīb
approssimativamente	लगभग	lagabhag
approssimativo (agg)	अनुमानित	anumānit
quasi	करीब	karīb
resto	बाक़ी	bāqī
ogni (agg)	हर एक	har ek
qualsiasi (agg)	कोई	koī
molti, molto	बहुत	bahut
molta gente	बहुत लोग	bahut log
tutto, tutti	सभी	sabhī
in cambio di ...	... के बदले में	... ke badale men
in cambio	की जगह	kī jagah
a mano (fatto ~)	हाथ से	hāth se
poco probabile	शायद ही	shāyad hī
probabilmente	शायद	shāyad
apposta	जानबूझकर	jānabūjhakar
per caso	संयोगवश	sanyogavash

molto (avv)	बहुत	bahut
per esempio	उदाहरण के लिए	udāharan ke lie
fra (~ due)	के बीच	ke bīch
fra (~ più di due)	में	men
tanto (quantità)	इतना	itana
soprattutto	ख़ासतौर पर	khāsataur par

Concetti di base. Parte 2

19. Giorni della settimana

lunedì (m)	सोमवार (m)	somavār
martedì (m)	मंगलवार (m)	mangalavār
mercoledì (m)	बुधवार (m)	budhavār
giovedì (m)	गुरूवार (m)	gurūvār
venerdì (m)	शुक्रवार (m)	shukravār
sabato (m)	शनिवार (m)	shanivār
domenica (f)	रविवार (m)	ravivār
oggi (avv)	आज	āj
domani	कल	kal
dopodomani	परसों	parason
ieri (avv)	कल	kal
l'altro ieri	परसों	parason
giorno (m)	दिन (m)	din
giorno (m) lavorativo	कार्यदिवस (m)	kāryadivas
giorno (m) festivo	सार्वजनिक छुट्टी (f)	sārvajanik chhuttī
giorno (m) di riposo	छुट्टी का दिन (m)	chhuttī ka din
fine (m) settimana	सप्ताहांत (m)	saptāhānt
tutto il giorno	सारा दिन	sāra din
l'indomani	अगला दिन	agala din
due giorni fa	दो दिन पहले	do din pahale
il giorno prima	एक दिन पहले	ek din pahale
quotidiano (agg)	दैनिक	dainik
ogni giorno	हर दिन	har din
settimana (f)	हफ़ता (f)	hafata
la settimana scorsa	पिछले हफ़ते	pichhale hafate
la settimana prossima	अगले हफ़ते	agale hafate
settimanale (agg)	साप्ताहिक	saptāhik
ogni settimana	हर हफ़ते	har hafate
due volte alla settimana	हफ़ते में दो बार	hafate men do bār
ogni martedì	हर मंगलवार को	har mangalavār ko

20. Ore. Giorno e notte

mattina (f)	सुबह (m)	subah
di mattina	सुबह में	subah men
mezzogiorno (m)	दोपहर (m)	dopahar
nel pomeriggio	दोपहर में	dopahar men
sera (f)	शाम (m)	shām
di sera	शाम में	shām men

notte (f)	रात (f)	rāt
di notte	रात में	rāt men
mezzanotte (f)	आधी रात (f)	ādhī rāt
secondo (m)	सेकन्ड (m)	sekand
minuto (m)	मिनट (m)	minat
ora (f)	घंटा (m)	ghanta
mezzora (f)	आधा घंटा	ādha ghanta
un quarto d'ora	सवा	sava
quindici minuti	पंद्रह मीनट	pandrah mīnat
ventiquattro ore	24 घंटे (m)	chaubīs ghante
levata (f) del sole	सूर्योदय (m)	sūryoday
alba (f)	सूर्योदय (m)	sūryoday
mattutino (m)	प्रातःकाल (m)	prātahkāl
tramonto (m)	सूर्यास्त (m)	sūryāst
di buon mattino	सुबह-सवेरे	subah-savere
stamattina	इस सुबह	is subah
domattina	कल सुबह	kal subah
oggi pomeriggio	आज शाम	āj shām
nel pomeriggio	दोपहर में	dopahar men
domani pomeriggio	कल दोपहर	kal dopahar
stasera	आज शाम	āj shām
domani sera	कल रात	kal rāt
alle tre precise	ठीक तीन बजे में	thīk tīn baje men
verso le quattro	लगभग चार बजे	lagabhag chār baje
per le dodici	बारह बजे तक	bārah baje tak
fra venti minuti	बीस मीनट में	bīs mīnat men
fra un'ora	एक घंटे में	ek ghante men
puntualmente	ठीक समय पर	thīk samay par
un quarto di ...	पौने ... बजे	paune ... baje
entro un'ora	एक घंटे के अंदर	ek ghante ke andar
ogni quindici minuti	हर पंद्रह मीनट	har pandrah mīnat
giorno e notte	दिन-रात (m pl)	din-rāt

21. Mesi. Stagioni

gennaio (m)	जनवरी (m)	janavarī
febbraio (m)	फ़रवरी (m)	faravarī
marzo (m)	मार्च (m)	mārch
aprile (m)	अप्रैल (m)	aprail
maggio (m)	माई (m)	maī
giugno (m)	जून (m)	jūn
luglio (m)	जुलाई (m)	julaī
agosto (m)	अगस्त (m)	agast
settembre (m)	सितम्बर (m)	sitambar
ottobre (m)	अक्तूबर (m)	aktūbar

Italiano	Hindi	Traslitterazione
novembre (m)	नवम्बर (m)	navambar
dicembre (m)	दिसम्बर (m)	disambar
primavera (f)	वसन्त (m)	vasant
in primavera	वसन्त में	vasant men
primaverile (agg)	वसन्त	vasant
estate (f)	गरमी (f)	garamī
in estate	गरमियों में	garamiyon men
estivo (agg)	गरमी	garamī
autunno (m)	शरद (m)	sharad
in autunno	शरद में	sharad men
autunnale (agg)	शरद	sharad
inverno (m)	सर्दी (f)	sardī
in inverno	सर्दियों में	sardiyon men
invernale (agg)	सर्दी	sardī
mese (m)	महीना (m)	mahīna
questo mese	इस महीने	is mahīne
il mese prossimo	अगले महीने	agale mahīne
il mese scorso	पिछले महीने	pichhale mahīne
un mese fa	एक महीने पहले	ek mahīne pahale
fra un mese	एक महीने में	ek mahīne men
fra due mesi	दो महीने में	do mahīne men
un mese intero	पूरे महीने	pūre mahīne
per tutto il mese	पूरे महीने	pūre mahīne
mensile (rivista ~)	मासिक	māsik
mensilmente	हर महीने	har mahīne
ogni mese	हर महीने	har mahīne
due volte al mese	महीने में दो बार	mahino men do bār
anno (m)	वर्ष (m)	varsh
quest'anno	इस साल	is sāl
l'anno prossimo	अगले साल	agale sāl
l'anno scorso	पिछले साल	pichhale sāl
un anno fa	एक साल पहले	ek sāl pahale
fra un anno	एक साल में	ek sāl men
fra due anni	दो साल में	do sāl men
un anno intero	पूरा साल	pūra sāl
per tutto l'anno	पूरा साल	pūra sāl
ogni anno	हर साल	har sāl
annuale (agg)	वार्षिक	vārshik
annualmente	वार्षिक	vārshik
quattro volte all'anno	साल में चार बार	sāl men chār bār
data (f) (~ di oggi)	तारीख़ (f)	tārīkh
data (f) (~ di nascita)	तारीख़ (f)	tārīkh
calendario (m)	कैलेन्डर (m)	kailendar
mezz'anno (m)	आधे वर्ष (m)	ādhe varsh
semestre (m)	छमाही (f)	chhamāhī

stagione (f) (estate, ecc.)	मौसम (m)	mausam
secolo (m)	शताबदी (f)	shatābadī

22. Unità di misura

peso (m)	वज़न (m)	vazan
lunghezza (f)	लम्बाई (f)	lambaī
larghezza (f)	चौड़ाई (f)	chauraī
altezza (f)	ऊंचाई (f)	ūnchaī
profondità (f)	गहराई (f)	gaharaī
volume (m)	घनत्व (f)	ghanatv
area (f)	क्षेत्रफल (m)	kshetrafal
grammo (m)	ग्राम (m)	grām
milligrammo (m)	मिलीग्राम (m)	milīgrām
chilogrammo (m)	किलोग्राम (m)	kilogrām
tonnellata (f)	टन (m)	tan
libbra (f)	पौण्ड (m)	paund
oncia (f)	औन्स (m)	auns
metro (m)	मीटर (m)	mītar
millimetro (m)	मिलीमीटर (m)	milīmītar
centimetro (m)	सेंटीमीटर (m)	sentīmītar
chilometro (m)	किलोमीटर (m)	kilomītar
miglio (m)	मील (m)	mīl
pollice (m)	इंच (m)	inch
piede (f)	फुट (m)	fut
iarda (f)	गज (m)	gaj
metro (m) quadro	वर्ग मीटर (m)	varg mītar
ettaro (m)	हेक्टेयर (m)	hekteyar
litro (m)	लीटर (m)	lītar
grado (m)	डिग्री (m)	digrī
volt (m)	वोल्ट (m)	volt
ampere (m)	ऐम्पेयर (m)	aimpeyar
cavallo vapore (m)	अश्व शक्ति (f)	ashv shakti
quantità (f)	मात्रा (f)	mātra
un po' di …	कुछ …	kuchh …
metà (f)	आधा (m)	ādha
dozzina (f)	दर्जन (m)	darjan
pezzo (m)	टुकड़ा (m)	tukara
dimensione (f)	माप (m)	māp
scala (f) (modello in ~)	पैमाना (m)	paimāna
minimo (agg)	न्यूनतम	nyūnatam
minore (agg)	सब से छोटा	sab se chhota
medio (agg)	मध्य	madhy
massimo (agg)	अधिकतम	adhikatam
maggiore (agg)	सबसे बड़ा	sabase bara

23. Contenitori

barattolo (m) di vetro	शीशी (f)	shīshī
latta, lattina (f)	डिब्बा (m)	dibba
secchio (m)	बाल्टी (f)	bāltī
barile (m), botte (f)	पीपा (m)	pīpa
catino (m)	चिलमची (f)	chilamachī
serbatoio (m) (per liquidi)	कुण्ड (m)	kund
fiaschetta (f)	फ्लास्क (m)	flāsk
tanica (f)	जेरिकैन (m)	jerikain
cisterna (f)	टंकी (f)	tankī
tazza (f)	मग (m)	mag
tazzina (f) (~ di caffé)	प्याली (f)	pyālī
piattino (m)	सॉसर (m)	sosar
bicchiere (m) (senza stelo)	गिलास (m)	gilās
calice (m)	वाइन गिलास (m)	vain gilās
casseruola (f)	सॉसपैन (m)	sosapain
bottiglia (f)	बोतल (f)	botal
collo (m) (~ della bottiglia)	गला (m)	gala
caraffa (f)	जग (m)	jag
brocca (f)	सुराही (f)	surāhī
recipiente (m)	बरतन (m)	baratan
vaso (m) di coccio	घड़ा (m)	ghara
vaso (m) di fiori	फूलदान (m)	fūladān
boccetta (f) (~ di profumo)	शीशी (f)	shīshī
fiala (f)	शीशी (f)	shīshī
tubetto (m)	ट्यूब (m)	tyūb
sacco (m) (~ di patate)	थैला (m)	thaila
sacchetto (m) (~ di plastica)	थैली (f)	thailī
pacchetto (m) (~ di sigarette, ecc.)	पैकेट (f)	paiket
scatola (f) (~ per scarpe)	डिब्बा (m)	dibba
cassa (f) (~ di vino, ecc.)	डिब्बा (m)	dibba
cesta (f)	टोकरी (f)	tokarī

ESSERE UMANO

Essere umano. Il corpo umano

24. Testa

testa (f)	सिर (m)	sir
viso (m)	चेहरा (m)	chehara
naso (m)	नाक (f)	nāk
bocca (f)	मुँह (m)	munh
occhio (m)	आँख (f)	ānkh
occhi (m pl)	आँखें (f)	ānkhen
pupilla (f)	आँख की पुतली (f)	ānkh kī putalī
sopracciglio (m)	भौंह (f)	bhaunh
ciglio (m)	बरौनी (f)	baraunī
palpebra (f)	पलक (m)	palak
lingua (f)	जीभ (m)	jībh
dente (m)	दाँत (f)	dānt
labbra (f pl)	होंठ (m)	honth
zigomi (m pl)	गाल की हड्डी (f)	gāl kī haddī
gengiva (f)	मसूड़ा (m)	masūra
palato (m)	तालु (m)	tālu
narici (f pl)	नथने (m pl)	nathane
mento (m)	ठोड़ी (f)	thorī
mascella (f)	जबड़ा (m)	jabara
guancia (f)	गाल (m)	gāl
fronte (f)	माथा (m)	mātha
tempia (f)	कनपट्टी (f)	kanapattī
orecchio (m)	कान (m)	kān
nuca (f)	सिर का पिछला हिस्सा (m)	sir ka pichhala hissa
collo (m)	गरदन (m)	garadan
gola (f)	गला (m)	gala
capelli (m pl)	बाल (m pl)	bāl
pettinatura (f)	हेयरस्टाइल (m)	heyarastail
taglio (m)	हेयरकट (m)	heyarakat
parrucca (f)	नकली बाल (m)	nakalī bāl
baffi (m pl)	मूँछें (f pl)	mūnchhen
barba (f)	दाढ़ी (f)	dārhī
portare (~ la barba, ecc.)	होना	hona
treccia (f)	चोटी (f)	chotī
basette (f pl)	गलमुच्छा (m)	galamuchchha
rosso (agg)	लाल बाल	lāl bāl
brizzolato (agg)	सफ़ेद बाल	safed bāl

calvo (agg)	गंजा	ganja
calvizie (f)	गंजाई (f)	ganjaī
coda (f) di cavallo	पोनी-टेल (f)	ponī-tel
frangetta (f)	बेंग (m)	beng

25. Corpo umano

mano (f)	हाथ (m)	hāth
braccio (m)	बाँह (m)	bānh
dito (m)	ऊँगली (m)	ungalī
pollice (m)	अँगूठा (m)	angūtha
mignolo (m)	छोटी उंगली (f)	chhotī ungalī
unghia (f)	नाखून (m)	nākhūn
pugno (m)	मुट्ठी (m)	mutthī
palmo (m)	हथेली (f)	hathelī
polso (m)	कलाई (f)	kalaī
avambraccio (m)	प्रकोष्ठ (m)	prakoshth
gomito (m)	कोहनी (f)	kohanī
spalla (f)	कंधा (m)	kandha
gamba (f)	टाँग (f)	tāng
pianta (f) del piede	पैर का तलवा (m)	pair ka talava
ginocchio (m)	घुटना (m)	ghutana
polpaccio (m)	पिंडली (f)	pindalī
anca (f)	जाँघ (f)	jāngh
tallone (m)	एड़ी (f)	erī
corpo (m)	शरीर (m)	sharīr
pancia (f)	पेट (m)	pet
petto (m)	सीना (m)	sīna
seno (m)	स्तन (f)	stan
fianco (m)	कूल्हा (m)	kūlha
schiena (f)	पीठ (f)	pīth
zona (f) lombare	पीठ का निचला हिस्सा (m)	pīth ka nichala hissa
vita (f)	कमर (f)	kamar
ombelico (m)	नाभी (f)	nābhī
natiche (f pl)	नितंब (m pl)	nitamb
sedere (m)	नितम्ब (m)	nitamb
neo (m)	सौंदर्य चिन्ह (f)	saundary chinh
voglia (f) (~ di fragola)	जन्म चिह्न (m)	janm chihn
tatuaggio (m)	टैटू (m)	taitū
cicatrice (f)	घाव का निशान (m)	ghāv ka nishān

Abbigliamento e Accessori

26. Indumenti. Soprabiti

vestiti (m pl)	कपड़े (m)	kapare
soprabito (m)	बाहरी पोशाक (m)	bāharī poshāk
abiti (m pl) invernali	सर्दियों की पोशक (f)	sardiyon kī poshak
cappotto (m)	ओवरकोट (m)	ovarakot
pelliccia (f)	फरकोट (m)	farakot
pellicciotto (m)	फ़र की जैकेट (f)	far kī jaiket
piumino (m)	फ़ेदर कोट (m)	fedar kot
giubbotto (m), giaccha (f)	जैकेट (f)	jaiket
impermeabile (m)	बरसाती (f)	barasātī
impermeabile (agg)	जलरोधक	jalarodhak

27. Men's & women's clothing

camicia (f)	कमीज़ (f)	kamīz
pantaloni (m pl)	पैंट (m)	paint
jeans (m pl)	जीन्स (m)	jīns
giacca (f) (~ di tweed)	कोट (m)	kot
abito (m) da uomo	सूट (m)	sūt
abito (m)	फ्रॉक (f)	frok
gonna (f)	स्कर्ट (f)	skart
camicetta (f)	ब्लाउज़ (f)	blauz
giacca (f) a maglia	कार्डिगन (f)	kārdigan
giacca (f) tailleur	जैकेट (f)	jaiket
maglietta (f)	टी-शर्ट (f)	tī-shart
pantaloni (m pl) corti	शोट्र्स (m pl)	shorts
tuta (f) sportiva	ट्रैक सूट (m)	traik sūt
accappatoio (m)	बाथ रोब (m)	bāth rob
pigiama (m)	पजामा (m)	pajāma
maglione (m)	सूटर (m)	sūtar
pullover (m)	पुलोवर (m)	pulovar
gilè (m)	बण्डी (m)	bandī
frac (m)	टेल-कोट (m)	tel-kot
smoking (m)	डिनर-जैकेट (f)	dinar-jaiket
uniforme (f)	वर्दी (f)	vardī
tuta (f) da lavoro	वर्दी (f)	vardī
salopette (f)	ओवरऑल्स (m)	ovarols
camice (m) (~ del dottore)	कोट (m)	kot

28. Abbigliamento. Biancheria intima

biancheria (f) intima	अंगवस्त्र (m)	angavastr
maglietta (f) intima	बनियान (f)	baniyān
calzini (m pl)	मोज़े (m pl)	moze
camicia (f) da notte	नाइट गाउन (m)	nait gaun
reggiseno (m)	ब्रा (f)	bra
calzini (m pl) alti	घुटनों तक के मोज़े (m)	ghutanon tak ke moze
collant (m)	टाइट्स (m pl)	taits
calze (f pl)	स्टॉकिंग (m pl)	stāking
costume (m) da bagno	स्विम सूट (m)	svim sūt

29. Copricapo

cappello (m)	टोपी (f)	topī
cappello (m) di feltro	हैट (f)	hait
cappello (m) da baseball	बैस्बॉल कैप (f)	baisbol kaip
coppola (f)	फ़्लैट कैप (f)	flait kaip
basco (m)	बेरेट (m)	beret
cappuccio (m)	हूड (m)	hūd
panama (m)	पनामा हैट (m)	panāma hait
berretto (m) a maglia	बुनी हुई टोपी (f)	bunī huī topī
fazzoletto (m) da capo	सिर का स्कार्फ़ (m)	sir ka skārf
cappellino (m) donna	महिलाओं की टोपी (f)	mahilaon kī topī
casco (m) (~ di sicurezza)	हेलमेट (f)	helamet
bustina (f)	पुलिसीया टोपी (f)	pulisīya topī
casco (m) (~ moto)	हेलमेट (f)	helamet
bombetta (f)	बॉलर हैट (m)	bolar hait
cilindro (m)	टॉप हैट (m)	top hait

30. Calzature

calzature (f pl)	पनही (f)	panahī
stivaletti (m pl)	जूते (m pl)	jūte
scarpe (f pl)	जूते (m pl)	jūte
stivali (m pl)	बूट (m pl)	būt
pantofole (f pl)	चप्पल (f pl)	chappal
scarpe (f pl) da tennis	टेनिस के जूते (m)	tenis ke jūte
scarpe (f pl) da ginnastica	स्नीकर्स (m)	snīkars
sandali (m pl)	सैन्डल (f)	saindal
calzolaio (m)	मोची (m)	mochī
tacco (m)	एड़ी (f)	erī
paio (m)	जोड़ा (m)	jora
laccio (m)	जूते का फ़ीता (m)	jūte ka fīta

allacciare (vt)   फ़ीता बाँधना   fīta bāndhana
calzascarpe (m)   शू-हॉर्न (m)   shū-horn
lucido (m) per le scarpe   बूट-पालिश (m)   būt-pālish

31. Accessori personali

guanti (m pl)   दस्ताने (m pl)   dastāne
manopole (f pl)   दस्ताने (m pl)   dastāne
sciarpa (f)   मफ़लर (m)   mafalar

occhiali (m pl)   ऐनक (m pl)   ainak
montatura (f)   चश्मे का फ्रेम (m)   chashme ka frem
ombrello (m)   छतरी (f)   chhatarī
bastone (m)   छड़ी (f)   chharī
spazzola (f) per capelli   ब्रश (m)   brash
ventaglio (m)   पंखा (m)   pankha

cravatta (f)   टाई (f)   taī
cravatta (f) a farfalla   बो टाई (f)   bo taī
bretelle (f pl)   पतलून बाँधने का फ़ीता (m)   patalūn bāndhane ka fīta
fazzoletto (m)   रूमाल (m)   rūmāl

pettine (m)   कंघा (m)   kangha
fermaglio (m)   बालपिन (f)   bālapin
forcina (f)   हेयरक्लीप (f)   heyaraklīp
fibbia (f)   बकसुआ (m)   bakasua

cintura (f)   बेल्ट (m)   belt
spallina (f)   कंधे का पट्टा (m)   kandhe ka patta

borsa (f)   बैग (m)   baig
borsetta (f)   पर्स (m)   pars
zaino (m)   बैकपैक (m)   baikapaik

32. Abbigliamento. Varie

moda (f)   फ़ैशन (m)   faishan
di moda   प्रचलन में   prachalan men
stilista (m)   फ़ैशन डिज़ाइनर (m)   faishan dizainar

collo (m)   कॉलर (m)   kolar
tasca (f)   जेब (m)   jeb
tascabile (agg)   जेब   jeb
manica (f)   आस्तीन (f)   āstīn
asola (f) per appendere   हैंगिंग लूप (f)   hainging lūp
patta (f) (~ dei pantaloni)   ज़िप (f)   zip

cerniera (f) lampo   ज़िप (f)   zip
chiusura (f)   हुक (m)   huk
bottone (m)   बटन (m)   batan
occhiello (m)   बटन का काज (m)   batan ka kāj
staccarsi (un bottone)   निकल जाना   nikal jāna

cucire (vi, vt)	सीना	sīna
ricamare (vi, vt)	काढ़ना	kārhana
ricamo (m)	कढ़ाई (f)	karhaī
ago (m)	सूई (f)	sūī
filo (m)	धागा (m)	dhāga
cucitura (f)	सीवन (m)	sīvan
sporcarsi (vr)	मैला होना	maila hona
macchia (f)	धब्बा (m)	dhabba
sgualcirsi (vr)	शिकन पड़ जाना	shikan par jāna
strappare (vt)	फट जाना	fat jāna
tarma (f)	कपड़ों के कीड़े (m)	kaparon ke kīre

33. Cura della persona. Cosmetici

dentifricio (m)	टूथपेस्ट (m)	tūthapest
spazzolino (m) da denti	टूथब्रश (m)	tūthabrash
lavarsi i denti	दांत साफ़ करना	dānt sāf karana
rasoio (m)	रेज़र (f)	rezar
crema (f) da barba	हजामत का क्रीम (m)	hajāmat ka krīm
rasarsi (vr)	शेव करना	shev karana
sapone (m)	साबुन (m)	sābun
shampoo (m)	शैम्पू (m)	shaimpū
forbici (f pl)	कैंची (f pl)	kainchī
limetta (f)	नाख़ून घिसनी (f)	nākhūn ghisanī
tagliaunghie (m)	नाख़ून कतरनी (f)	nākhūn kataranī
pinzette (f pl)	ट्वीज़र्स (f)	tvīzars
cosmetica (f)	श्रृंगार-सामग्री (f)	shrrngār-sāmagrī
maschera (f) di bellezza	चेहरे का लेप (m)	chehare ka lep
manicure (m)	मैनीक्योर (m)	mainīkyor
fare la manicure	मैनीक्योर करवाना	mainīkyor karavāna
pedicure (m)	पेडिक्यूर (m)	pedikyūr
borsa (f) del trucco	श्रृंगार थैली (f)	shrrngār thailī
cipria (f)	पाउडर (m)	paudar
portacipria (m)	कॉम्पैक्ट पाउडर (m)	kompaikt paudar
fard (m)	ब्लशर (m)	blashar
profumo (m)	ख़ुशबू (f)	khushabū
acqua (f) da toeletta	टॉयलेट वॉटर (m)	tāyalet votar
lozione (f)	लोशन (m)	loshan
acqua (f) di Colonia	कोलोन (m)	kolon
ombretto (m)	आई-शैडो (m)	āī-shaido
eyeliner (m)	आई-पेंसिल (f)	āī-pensil
mascara (m)	मस्कारा (m)	maskāra
rossetto (m)	लिपस्टिक (m)	lipastik
smalto (m)	नेल पॉलिश (f)	nel polish
lacca (f) per capelli	हेयर स्प्रे (m)	heyar spre

deodorante (m)	डिओडरेन्ट (m)	diodarent
crema (f)	क्रीम (m)	krīm
crema (f) per il viso	चेहरे की क्रीम (f)	chehare kī krīm
crema (f) per le mani	हाथ की क्रीम (f)	hāth kī krīm
crema (f) antirughe	एंटी रिंकल क्रीम (f)	enṭī rinkal krīm
da giorno	दिन का	din ka
da notte	रात का	rāt ka
tampone (m)	टैम्पन (m)	taimpan
carta (f) igienica	टॉयलेट पेपर (m)	toyalet pepar
fon (m)	हेयर ड्रायर (m)	heyar drāyar

34. Orologi da polso. Orologio

orologio (m) (~ da polso)	घड़ी (f pl)	gharī
quadrante (m)	डायल (m)	dāyal
lancetta (f)	सुई (f)	suī
braccialetto (m)	धातु से बनी घड़ी का पट्टा (m)	dhātu se banī gharī ka patta
cinturino (m)	घड़ी का पट्टा (m)	gharī ka patta
pila (f)	बैटेरी (f)	baiterī
essere scarico	ख़त्म हो जाना	khatm ho jāna
cambiare la pila	बैटेरी बदलना	baiterī badalana
andare avanti	तेज़ चलना	tez chalana
andare indietro	धीमी चलना	dhīmī chalana
orologio (m) da muro	दीवार-घड़ी (f pl)	dīvār-gharī
clessidra (f)	रेत-घड़ी (f pl)	ret-gharī
orologio (m) solare	सूरज-घड़ी (f pl)	sūraj-gharī
sveglia (f)	अलार्म घड़ी (f)	alārm gharī
orologiaio (m)	घड़ीसाज़ (m)	gharīsāz
riparare (vt)	मरम्मत करना	marammat karana

Cibo. Alimentazione

35. Cibo

carne (f)	गोश्त (m)	gosht
pollo (m)	चीकन (m)	chīkan
pollo (m) novello	रॉक कोर्निश मुर्गी (f)	rok kornish murgī
anatra (f)	बत्तख़ (f)	battakh
oca (f)	हंस (m)	hans
cacciagione (f)	शिकार के पशुपक्षी (f)	shikār ke pashupakshī
tacchino (m)	टर्की (m)	tarkī
maiale (m)	सुअर का गोश्त (m)	suar ka gosht
vitello (m)	बछड़े का गोश्त (m)	bachhare ka gosht
agnello (m)	भेड़ का गोश्त (m)	bher ka gosht
manzo (m)	गाय का गोश्त (m)	gāy ka gosht
coniglio (m)	खरगोश (m)	kharagosh
salame (m)	सॉसेज (f)	sosej
w?rstel (m)	वियना सॉसेज (m)	viyana sosej
pancetta (f)	बेकन (m)	bekan
prosciutto (m)	हैम (m)	haim
prosciutto (m) affumicato	सुअर की जांघ (f)	suar kī jāngh
pâté (m)	पिसा हुआ गोश्त (m)	pisa hua gosht
fegato (m)	जिगर (f)	jigar
carne (f) trita	कीमा (m)	kīma
lingua (f)	जीभ (m)	jībh
uovo (m)	अंडा (m)	anda
uova (f pl)	अंडे (m pl)	ande
albume (m)	अंडे की सफ़ेदी (m)	ande kī safedī
tuorlo (m)	अंडे की ज़र्दी (m)	ande kī zardī
pesce (m)	मछली (f)	machhalī
frutti (m pl) di mare	समुद्री खाना (m)	samudrī khāna
caviale (m)	मछली के अंडे (m)	machhalī ke ande
granchio (m)	केकड़ा (m)	kekara
gamberetto (m)	चिंगड़ा (m)	chingara
ostrica (f)	सीप (m)	sīp
aragosta (f)	लोबस्टर (m)	lobastar
polpo (m)	ओक्टोपस (m)	oktopas
calamaro (m)	स्कीड (m)	skīd
storione (m)	स्टजन (f)	starjan
salmone (m)	सालमन (m)	sālaman
ippoglosso (m)	हैलिबट (f)	hailibat
merluzzo (m)	कॉड (f)	kod
scombro (m)	माक्रैल (f)	mākrail

tonno (m)	टूना (f)	tūna
anguilla (f)	बाम मछली (f)	bām machhalī
trota (f)	ट्राउट मछली (f)	traut machhalī
sardina (f)	सार्डीन (f)	sārdīn
luccio (m)	पाइक (f)	paik
aringa (f)	हेरिंग मछली (f)	hering machhalī
pane (m)	ब्रेड (f)	bred
formaggio (m)	पनीर (m)	panīr
zucchero (m)	चीनी (f)	chīnī
sale (m)	नमक (m)	namak
riso (m)	चावल (m)	chāval
pasta (f)	पास्ता (m)	pāsta
tagliatelle (f pl)	नूडल्स (m)	nūdals
burro (m)	मक्खन (m)	makkhan
olio (m) vegetale	तेल (m)	tel
olio (m) di girasole	सूरजमुखी तेल (m)	sūrajamukhī tel
margarina (f)	नकली मक्खन (m)	nakalī makkhan
olive (f pl)	जैतून (m)	jaitūn
olio (m) d'oliva	जैतून का तेल (m)	jaitūn ka tel
latte (m)	दूध (m)	dūdh
latte (m) condensato	रबड़ी (f)	rabarī
yogurt (m)	दही (m)	dahī
panna (f) acida	खट्टी क्रीम (f)	khattī krīm
panna (f)	मलाई (f pl)	malaī
maionese (m)	मेयोनेज़ (m)	meyonez
crema (f)	क्रीम (m)	krīm
cereali (m pl)	अनाज के दाने (m)	anāj ke dāne
farina (f)	आटा (m)	āta
cibi (m pl) in scatola	डिब्बाबन्द खाना (m)	dibbāband khāna
fiocchi (m pl) di mais	कॉर्नफ्लेक्स (m)	kornafleks
miele (m)	शहद (m)	shahad
marmellata (f)	जैम (m)	jaim
gomma (f) da masticare	चूइन्ग गम (m)	chūing gam

36. Bevande

acqua (f)	पानी (m)	pānī
acqua (f) potabile	पीने का पानी (f)	pīne ka pānī
acqua (f) minerale	मिनरल वॉटर (m)	minaral votar
liscia (non gassata)	स्टिल वॉटर	stil votar
gassata (agg)	कार्बोनेटेड	kārboneted
frizzante (agg)	स्पार्कलिंग	spārkaling
ghiaccio (m)	बर्फ़ (m)	barf
con ghiaccio	बर्फ़ के साथ	barf ke sāth

analcolico (agg)	शराब रहित	sharāb rahit
bevanda (f) analcolica	कोल्ड ड्रिंक (f)	kold drink
bibita (f)	शीतलक ड्रिंक (f)	shītalak drink
limonata (f)	लेमोनेड (m)	lemoned

bevande (f pl) alcoliche	शराब (m pl)	sharāb
vino (m)	वाइन (f)	vain
vino (m) bianco	सफ़ेद वाइन (f)	safed vain
vino (m) rosso	लाल वाइन (f)	lāl vain

liquore (m)	लिकर (m)	likar
champagne (m)	शैम्पेन (f)	shaimpen
vermouth (m)	वर्माउथ (f)	varmauth

whisky	विस्की (f)	viskī
vodka (f)	वोडका (m)	vodaka
gin (m)	जिन (f)	jin
cognac (m)	कोन्याक (m)	konyāk
rum (m)	रम (m)	ram

caffè (m)	कॉफ़ी (f)	kofī
caffè (m) nero	काली कॉफ़ी (f)	kālī kofī
caffè latte (m)	दूध के साथ कॉफ़ी (f)	dūdh ke sāth kofī
cappuccino (m)	कैपूचिनो (f)	kaipūchino
caffè (m) solubile	इन्सटेन्ट-काफ़ी (f)	insatent-kāfī

latte (m)	दूध (m)	dūdh
cocktail (m)	कॉकटेल (m)	kokatel
frullato (m)	मिल्कशेक (m)	milkashek

succo (m)	रस (m)	ras
succo (m) di pomodoro	टमाटर का रस (m)	tamātar ka ras
succo (m) d'arancia	संतरे का रस (m)	santare ka ras
spremuta (f)	ताज़ा रस (m)	tāza ras

birra (f)	बियर (m)	biyar
birra (f) chiara	हल्का बियर (m)	halka biyar
birra (f) scura	डार्क बियर (m)	dārk biyar

tè (m)	चाय (f)	chāy
tè (m) nero	काली चाय (f)	kālī chāy
tè (m) verde	हरी चाय (f)	harī chāy

37. Verdure

ortaggi (m pl)	सब्ज़ियाँ (f pl)	sabziyān
verdura (f)	हरी सब्ज़ियाँ (f)	harī sabziyān

pomodoro (m)	टमाटर (m)	tamātar
cetriolo (m)	खीरा (m)	khīra
carota (f)	गाजर (f)	gājar
patata (f)	आलू (m)	ālū
cipolla (f)	प्याज़ (m)	pyāz
aglio (m)	लहसुन (m)	lahasun

cavolo (m)	पत्ता गोभी (f)	patta gobhī
cavolfiore (m)	फूल गोभी (f)	fūl gobhī
cavoletti (m pl) di Bruxelles	ब्रसेल्स स्प्राउट्स (m)	brasels sprauts
broccolo (m)	ब्रोकोली (f)	brokolī
barbabietola (f)	चुकन्दर (m)	chukandar
melanzana (f)	बैंगन (m)	baingan
zucchina (f)	तुरई (f)	turī
zucca (f)	कद्दू	kaddū
rapa (f)	शलजम (f)	shalajam
prezzemolo (m)	अजमोद (f)	ajamod
aneto (m)	सोआ (m)	soa
lattuga (f)	सलाद पत्ता (m)	salād patta
sedano (m)	सेलरी (m)	selarī
asparago (m)	एस्पैरेगस (m)	espairegas
spinaci (m pl)	पालक (m)	pālak
pisello (m)	मटर (m)	matar
fave (f pl)	फली (f pl)	falī
mais (m)	मकई (f)	makī
fagiolo (m)	राजमा (f)	rājama
peperone (m)	शिमला मिर्च (m)	shimala mirch
ravanello (m)	मूली (f)	mūlī
carciofo (m)	हाथीचक (m)	hāthīchak

38. Frutta. Noci

frutto (m)	फल (m)	fal
mela (f)	सेब (m)	seb
pera (f)	नाशपाती (f)	nāshapātī
limone (m)	नींबू (m)	nīmbū
arancia (f)	संतरा (m)	santara
fragola (f)	स्ट्रॉबेरी (f)	stroberī
mandarino (m)	नारंगी (m)	nārangī
prugna (f)	आलूबुखारा (m)	ālūbukhāra
pesca (f)	आड़ू (m)	ārū
albicocca (f)	खूबानी (f)	khūbānī
lampone (m)	रसभरी (f)	rasabharī
ananas (m)	अनानास (m)	anānās
banana (f)	केला (m)	kela
anguria (f)	तरबूज (m)	tarabūz
uva (f)	अंगूर (m)	angūr
amarena (f), ciliegia (f)	चेरी (f)	cherī
melone (m)	खरबूज़ा (f)	kharabūza
pompelmo (m)	ग्रेपफ्रूट (m)	grepafrūt
avocado (m)	एवोकाडो (m)	evokādo
papaia (f)	पपीता (f)	papīta
mango (m)	आम (m)	ām
melagrana (f)	अनार (m)	anār

ribes (m) rosso	लाल किशमिश (f)	lāl kishamish
ribes (m) nero	काली किशमिश (f)	kālī kishamish
uva (f) spina	आमला (f)	āmala
mirtillo (m)	बिलबेरी (f)	bilaberī
mora (f)	ब्लैकबेरी (f)	blaikaberī
uvetta (f)	किशमिश (m)	kishamish
fico (m)	अंजीर (m)	anjīr
dattero (m)	खजूर (m)	khajūr
arachide (f)	मूँगफली (m)	mūngafalī
mandorla (f)	बादाम (f)	bādām
noce (f)	अखरोट (m)	akharot
nocciola (f)	हेज़लनट (m)	hezalanat
noce (f) di cocco	नारियल (m)	nāriyal
pistacchi (m pl)	पिस्ता (m)	pista

39. Pane. Dolci

pasticceria (f)	मिठाई (f pl)	mithaī
pane (m)	ब्रेड (f)	bred
biscotti (m pl)	बिस्कुट (m)	biskut
cioccolato (m)	चॉकलेट (m)	chokalet
al cioccolato (agg)	चॉकलेटी	chokaletī
caramella (f)	टॉफ़ी (f)	tofī
tortina (f)	पेस्ट्री (f)	pestrī
torta (f)	केक (m)	kek
crostata (f)	पाई (m)	paī
ripieno (m)	फ़िलिंग (f)	filing
marmellata (f)	जैम (m)	jaim
marmellata (f) di agrumi	मुरब्बा (m)	murabba
wafer (m)	वेफ़र (m pl)	vefar
gelato (m)	आईस-क्रीम (f)	āīs-krīm

40. Pietanze cucinate

piatto (m) (~ principale)	पकवान (m)	pakavān
cucina (f)	व्यंजन (m)	vyanjan
ricetta (f)	रैसीपी (f)	raisīpī
porzione (f)	भाग (m)	bhāg
insalata (f)	सलाद (m)	salād
minestra (f)	सूप (m)	sūp
brodo (m)	यख़नी (f)	yakhanī
panino (m)	सैन्डविच (m)	saindavich
uova (f pl) al tegamino	आमलेट (m)	āmalet
hamburger (m)	हैमबर्गर (m)	haimabargar
bistecca (f)	बीफ़स्टीक (m)	bīfastīk

contorno (m)	साइड डिश (f)	said dish
spaghetti (m pl)	स्पेचेटी (f)	speghetī
purè (m) di patate	आलू भरता (f)	ālū bharata
pizza (f)	पीट्ज़ा (f)	pītza
porridge (m)	दलिया (f)	daliya
frittata (f)	आमलेट (m)	āmalet

bollito (agg)	उबला	ubala
affumicato (agg)	धुएँ में पकाया हुआ	dhuen men pakāya hua
fritto (agg)	भुना	bhuna
secco (agg)	सूखा	sūkha
congelato (agg)	फ्रोज़न	frozan
sottoaceto (agg)	अचार	achār

dolce (gusto)	मीठा	mītha
salato (agg)	नमकीन	namakīn
freddo (agg)	ठंडा	thanda
caldo (agg)	गरम	garam
amaro (agg)	कड़वा	karava
buono, gustoso (agg)	स्वादिष्ट	svādisht

cuocere, preparare (vt)	उबलते पानी में पकाना	ubalate pānī men pakāna
cucinare (vi)	खाना बनाना	khāna banāna
friggere (vt)	भूनना	bhūnana
riscaldare (vt)	गरम करना	garam karana

salare (vt)	नमक डालना	namak dālana
pepare (vt)	मिर्च डालना	mirch dālana
grattugiare (vt)	कद्दूकश करना	kaddūkash karana
buccia (f)	छिलका (f)	chhilaka
sbucciare (vt)	छिलका निकलना	chhilaka nikalana

41. Spezie

sale (m)	नमक (m)	namak
salato (agg)	नमकीन	namakīn
salare (vt)	नमक डालना	namak dālana

pepe (m) nero	काली मिर्च (f)	kālī mirch
peperoncino (m)	लाल मिर्च (m)	lāl mirch
senape (f)	सरसों (m)	sarason
cren (m)	अरब मूली (f)	arab mūlī

condimento (m)	मसाला (m)	masāla
spezie (f pl)	मसाला (m)	masāla
salsa (f)	चटनी (f)	chatanī
aceto (m)	सिरका (m)	siraka

anice (m)	सौंफ़ (f)	saumf
basilico (m)	तुलसी (f)	tulasī
chiodi (m pl) di garofano	लौंग (f)	laung
zenzero (m)	अदरक (m)	adarak
coriandolo (m)	धनिया (m)	dhaniya
cannella (f)	दालचीनी (f)	dālachīnī

sesamo (m)	तिल (m)	til
alloro (m)	तेजपत्ता (m)	tejapatta
paprica (f)	लाल शिमला मिर्च पाउडर (m)	lāl shimala mirch paudar
cumino (m)	ज़ीरा (m)	zīra
zafferano (m)	ज़ाफ़रान (m)	zāfarān

42. Pasti

cibo (m)	खाना (m)	khāna
mangiare (vi, vt)	खाना खाना	khāna khāna
colazione (f)	नाश्ता (m)	nāshta
fare colazione	नाश्ता करना	nāshta karana
pranzo (m)	दोपहर का भोजन (m)	dopahar ka bhojan
pranzare (vi)	दोपहर का भोजन करना	dopahar ka bhojan karana
cena (f)	रात्रिभोज (m)	rātribhoj
cenare (vi)	रात्रिभोज करना	rātribhoj karana
appetito (m)	भूख (f)	bhūkh
Buon appetito!	अपने भोजन का आनंद उठाएं!	apane bhojan ka ānand uthaen!
aprire (vt)	खोलना	kholana
rovesciare (~ il vino, ecc.)	गिराना	girāna
rovesciarsi (vr)	गिराना	girāna
bollire (vi)	उबालना	ubālana
far bollire	उबालना	ubālana
bollito (agg)	उबला हुआ	ubala hua
raffreddare (vt)	ठंडा करना	thanda karana
raffreddarsi (vr)	ठंडा करना	thanda karana
gusto (m)	स्वाद (m)	svād
retrogusto (m)	स्वाद (m)	svād
essere a dieta	वज़न घटाना	vazan ghatāna
dieta (f)	डाइट (m)	dait
vitamina (f)	विटामिन (m)	vitāmin
caloria (f)	कैलोरी (f)	kailorī
vegetariano (m)	शाकाहारी (m)	shākāhārī
vegetariano (agg)	शाकाहारी	shākāhārī
grassi (m pl)	वसा (m pl)	vasa
proteine (f pl)	प्रोटीन (m pl)	protīn
carboidrati (m pl)	कार्बोहाइड्रेट (m)	kārbohaidret
fetta (f), fettina (f)	टुकड़ा (m)	tukara
pezzo (m) (~ di torta)	टुकड़ा (m)	tukara
briciola (f) (~ di pane)	टुकड़ा (m)	tukara

43. Preparazione della tavola

cucchiaio (m)	चम्मच (m)	chammach
coltello (m)	छुरी (f)	chhurī

forchetta (f)	काँटा (m)	kānta
tazza (f)	प्याला (m)	pyāla
piatto (m)	तश्तरी (f)	tashtarī
piattino (m)	सॉसर (m)	sosar
tovagliolo (m)	नैपकीन (m)	naipakīn
stuzzicadenti (m)	टूथपिक (m)	tūthapik

44. Ristorante

ristorante (m)	रेस्टराँ (m)	restarān
caffè (m)	कॉफ़ी हाउस (m)	kofī haus
pub (m), bar (m)	बार (m)	bār
sala (f) da tè	चायख़ाना (m)	chāyakhāna
cameriere (m)	बैरा (m)	baira
cameriera (f)	बैरी (f)	bairī
barista (m)	बारमैन (m)	bāramain
menù (m)	मेनू (m)	menū
lista (f) dei vini	वाइन सूची (f)	vain sūchī
prenotare un tavolo	मेज़ बुक करना	mez buk karana
piatto (m)	पकवान (m)	pakavān
ordinare (~ il pranzo)	आर्डर देना	ārdar dena
fare un'ordinazione	आर्डर देना	ārdar dena
aperitivo (m)	एपेरेतीफ़ (m)	eperetīf
antipasto (m)	एपेटाइज़र (m)	epetaizar
dolce (m)	मीठा (m)	mītha
conto (m)	बिल (m)	bil
pagare il conto	बील का भुगतान करना	bīl ka bhugatān karana
dare il resto	खुले पैसे देना	khule paise dena
mancia (f)	टिप (f)	tip

Famiglia, parenti e amici

45. Informazioni personali. Moduli

nome (m)	पहला नाम (m)	pahala nām
cognome (m)	उपनाम (m)	upanām
data (f) di nascita	जन्म-दिवस (m)	janm-divas
luogo (m) di nascita	मातृभूमि (f)	mātrbhūmi
nazionalità (f)	नागरिकता (f)	nāgarikata
domicilio (m)	निवास स्थान (m)	nivās sthān
paese (m)	देश (m)	desh
professione (f)	पेशा (m)	pesha
sesso (m)	लिंग (m)	ling
statura (f)	क़द (m)	qad
peso (m)	वज़न (m)	vazan

46. Membri della famiglia. Parenti

madre (f)	माँ (f)	mān
padre (m)	पिता (m)	pita
figlio (m)	बेटा (m)	beta
figlia (f)	बेटी (f)	betī
figlia (f) minore	छोटी बेटी (f)	chhoti beti
figlio (m) minore	छोटा बेटा (m)	chhota beta
figlia (f) maggiore	बड़ी बेटी (f)	barī betī
figlio (m) maggiore	बड़ा बेटा (m)	bara beta
fratello (m)	भाई (m)	bhaī
sorella (f)	बहन (f)	bahan
cugino (m)	चचेरा भाई (m)	chachera bhaī
cugina (f)	चचेरी बहन (f)	chacherī bahan
mamma (f)	अम्मा (f)	amma
papà (m)	पापा (m)	pāpa
genitori (m pl)	माँ-बाप (m pl)	mān-bāp
bambino (m)	बच्चा (m)	bachcha
bambini (m pl)	बच्चे (m pl)	bachche
nonna (f)	दादी (f)	dādī
nonno (m)	दादा (m)	dāda
nipote (m) (figlio di un figlio)	पोता (m)	pota
nipote (f)	पोती (f)	potī
nipoti (pl)	पोते (m)	pote
zio (m)	चाचा (m)	chācha
zia (f)	चाची (f)	chāchī

nipote (m) (figlio di un fratello)	भतीजा (m)	bhatīja
nipote (f)	भतीजी (f)	bhatījī

suocera (f)	सास (f)	sās
suocero (m)	ससुर (m)	sasur
genero (m)	दामाद (m)	dāmād
matrigna (f)	सौतेली माँ (f)	sautelī mān
patrigno (m)	सौतेले पिता (m)	sautele pita

neonato (m)	दूधमुँहा बच्चा (m)	dudhamunha bachcha
infante (m)	शिशु (f)	shishu
bimbo (m), ragazzino (m)	छोटा बच्चा (m)	chhota bachcha

moglie (f)	पत्नी (f)	patnī
marito (m)	पति (m)	pati
coniuge (m)	पति (m)	pati
coniuge (f)	पत्नी (f)	patnī

sposato (agg)	शादीशुदा	shādīshuda
sposata (agg)	शादीशुदा	shādīshuda
celibe (agg)	अविवाहित	avivāhit
scapolo (m)	कुँआरा (m)	kunāra
divorziato (agg)	तलाक़शुदा	talāqashuda
vedova (f)	विधवा (f)	vidhava
vedovo (m)	विधुर (m)	vidhur

parente (m)	रिश्तेदार (m)	rishtedār
parente (m) stretto	सम्बंधी (m)	sambandhī
parente (m) lontano	दूर का रिश्तेदार (m)	dūr ka rishtedār
parenti (m pl)	रिश्तेदार (m pl)	rishtedār

orfano (m), orfana (f)	अनाथ (m)	anāth
tutore (m)	अभिभावक (m)	abhibhāvak
adottare (~ un bambino)	लड़का गोद लेना	laraka god lena
adottare (~ una bambina)	लड़की गोद लेना	larakī god lena

Medicinali

47. Malattie

malattia (f)	बीमारी (f)	bīmārī
essere malato	बीमार होना	bīmār hona
salute (f)	सेहत (f)	sehat
raffreddore (m)	नज़ला (m)	nazala
tonsillite (f)	टॉन्सिल (m)	tonsil
raffreddore (m)	ज़ुकाम (f)	zukām
raffreddarsi (vr)	ज़ुकाम हो जाना	zukām ho jāna
bronchite (f)	ब्रॉन्काइटिस (m)	bronkaitis
polmonite (f)	निमोनिया (f)	nimoniya
influenza (f)	फ़्लू (m)	flū
miope (agg)	कमबीन	kamabīn
presbite (agg)	कमज़ोर दूरदृष्टि	kamazor dūradrshti
strabismo (m)	तिरछी नज़र (m)	tirachhī nazar
strabico (agg)	तिरछी नज़रवाला	tirachhī nazaravāla
cateratta (f)	मोतिया बिंद (m)	motiya bind
glaucoma (m)	काला मोतिया (m)	kāla motiya
ictus (m) cerebrale	स्ट्रोक (m)	strok
attacco (m) di cuore	दिल का दौरा (m)	dil ka daura
infarto (m) miocardico	मायोकार्डियल इन्फ़ार्कशन (m)	māyokārdiyal infārkshan
paralisi (f)	लकवा (m)	lakava
paralizzare (vt)	लक़वा मारना	laqava mārana
allergia (f)	एलर्जी (f)	elarjī
asma (f)	दमा (f)	dama
diabete (m)	शूगर (f)	shūgar
mal (m) di denti	दाँत दर्द (m)	dānt dard
carie (f)	दाँत में कीड़ा (m)	dānt men kīra
diarrea (f)	दस्त (m)	dast
stitichezza (f)	कब्ज़ (m)	kabz
disturbo (m) gastrico	पेट ख़राब (m)	pet kharāb
intossicazione (f) alimentare	ख़राब खाने से हुई बीमारी (f)	kharāb khāne se huī bīmārī
intossicarsi (vr)	ख़राब खाने से बीमार पड़ना	kharāb khāne se bīmār parana
artrite (f)	गठिया (m)	gathiya
rachitide (f)	बालवक्र (m)	bālavakr
reumatismo (m)	आमवात (m)	āmavāt
aterosclerosi (f)	धमनीकलाकाठिन्य (m)	dhamanīkalākāthiny
gastrite (f)	जठर-शोथ (m)	jathar-shoth
appendicite (f)	उण्डुक-शोथ (m)	unduk-shoth

colecistite (f)	पित्ताशय (m)	pittāshay
ulcera (f)	अल्सर (m)	alsar

morbillo (m)	मीज़ल्स (m)	mīzals
rosolia (f)	जर्मन मीज़ल्स (m)	jarman mīzals
itterizia (f)	पीलिया (m)	pīliya
epatite (f)	हेपेटाइटिस (m)	hepetaitis

schizofrenia (f)	शीज़ोफ्रेनीय (f)	shīzofrenīy
rabbia (f)	रेबीज़ (m)	rebīz
nevrosi (f)	न्यूरोसिस (m)	nyūrosis
commozione (f) cerebrale	आघात (m)	āghāt

cancro (m)	कर्क रोग (m)	kark rog
sclerosi (f)	काठिन्य (m)	kāthiny
sclerosi (f) multipla	मल्टीपल स्क्लेरोसिस (m)	maltīpal sklerosis

alcolismo (m)	शराबीपन (m)	sharābīpan
alcolizzato (m)	शराबी (m)	sharābī
sifilide (f)	सीफ़ीलिस (m)	sīfīlis
AIDS (m)	ऐड्स (m)	aids

tumore (m)	ट्यूमर (m)	tyūmar
maligno (agg)	घातक	ghātak
benigno (agg)	अर्बुद	arbud

febbre (f)	बुखार (m)	bukhār
malaria (f)	मलेरिया (f)	maleriya
cancrena (f)	गैन्ग्रीन (m)	gaingrīn
mal (m) di mare	जहाज़ी मतली (f)	jahāzī matalī
epilessia (f)	मिरगी (f)	miragī

epidemia (f)	महामारी (f)	mahāmārī
tifo (m)	टाइफ़स (m)	taifas
tubercolosi (f)	टीबी (m)	tībī
colera (m)	हैज़ा (f)	haiza
peste (f)	प्लेग (f)	pleg

48. Sintomi. Cure. Parte 1

sintomo (m)	लक्षण (m)	lakshan
temperatura (f)	तापमान (m)	tāpamān
febbre (f) alta	बुखार (f)	bukhār
polso (m)	नब्ज़ (f)	nabz

capogiro (m)	सिर का चक्कर (m)	sir ka chakkar
caldo (agg)	गरम	garam
brivido (m)	कंपकंपी (f)	kampakampī
pallido (un viso ~)	पीला	pīla

tosse (f)	खाँसी (f)	khānsī
tossire (vi)	खाँसना	khānsana
starnutire (vi)	छींकना	chhīnkana
svenimento (m)	बेहोशी (f)	behoshī

svenire (vi)	बेहोश होना	behosh hona
livido (m)	नील (m)	nīl
bernoccolo (m)	गुमड़ा (m)	gumara
farsi un livido	चोट लगना	chot lagana
contusione (f)	चोट (f)	chot
farsi male	घाव लगना	ghāv lagana
zoppicare (vi)	लँगड़ाना	langarāna
slogatura (f)	हड्डी खिसकना (f)	haddī khisakana
slogarsi (vr)	हड्डी खिसकना	haddī khisakana
frattura (f)	हड्डी टूट जाना (f)	haddī tūt jāna
fratturarsi (vr)	हड्डी टूट जाना	haddī tūt jāna
taglio (m)	कट जाना (m)	kat jāna
tagliarsi (vr)	खुद को काट लेना	khud ko kāt lena
emorragia (f)	रक्त-स्राव (m)	rakt-srāv
scottatura (f)	जला होना	jala hona
scottarsi (vr)	जल जाना	jal jāna
pungere (vt)	चुभाना	chubhāna
pungersi (vr)	खुद को चुभाना	khud ko chubhāna
ferire (vt)	घायल करना	ghāyal karana
ferita (f)	चोट (f)	chot
lesione (f)	घाव (m)	ghāv
trauma (m)	चोट (f)	chot
delirare (vi)	बेहोशी में बड़बड़ाना	behoshī men barabadāna
tartagliare (vi)	हकलाना	hakalāna
colpo (m) di sole	धूप आघात (m)	dhūp āghāt

49. Sintomi. Cure. Parte 2

dolore (m), male (m)	दर्द (f)	dard
scheggia (f)	चुभ जाना (m)	chubh jāna
sudore (m)	पसीना (f)	pasīna
sudare (vi)	पसीना निकलना	pasīna nikalana
vomito (m)	वमन (m)	vaman
convulsioni (f pl)	दौरा (m)	daura
incinta (agg)	गर्भवती	garbhavatī
nascere (vi)	जन्म लेना	janm lena
parto (m)	पैदा करना (m)	paida karana
essere in travaglio di parto	पैदा करना	paida karana
aborto (m)	गर्भपात (m)	garbhapāt
respirazione (f)	साँस (f)	sāns
inspirazione (f)	साँस अंदर खींचना (f)	sāns andar khīnchana
espirazione (f)	साँस बाहर छोड़ना (f)	sāns bāhar chhorana
espirare (vi)	साँस बाहर छोड़ना	sāns bāhar chhorana
inspirare (vi)	साँस अंदर खींचना	sāns andar khīnchana
invalido (m)	अपाहिज (m)	apāhij
storpio (m)	लूला (m)	lūla

drogato (m)	नशेबाज़ (m)	nashebāz
sordo (agg)	बहरा	bahara
muto (agg)	गूँगा	gūnga
sordomuto (agg)	बहरा और गूँगा	bahara aur gūnga

matto (agg)	पागल	pāgal
matto (m)	पगला (m)	pagala
matta (f)	पगली (f)	pagalī
impazzire (vi)	पागल हो जाना	pāgal ho jāna

gene (m)	वंशाणु (m)	vanshānu
immunità (f)	रोग प्रतिरोधक शक्ति (f)	rog pratirodhak shakti
ereditario (agg)	जन्मजात	janmajāt
innato (agg)	पैदाइशी	paidaishī

virus (m)	विषाणु (m)	vishānu
microbo (m)	कीटाणु (m)	kītānu
batterio (m)	जीवाणु (m)	jīvānu
infezione (f)	संक्रमण (m)	sankraman

50. Sintomi. Cure. Parte 3

ospedale (m)	अस्पताल (m)	aspatāl
paziente (m)	मरीज़ (m)	marīz

diagnosi (f)	रोग-निर्णय (m)	rog-nirnay
cura (f)	इलाज (m)	ilāj
trattamento (m)	चिकित्सीय उपचार (m)	chikitsīy upachār
curarsi (vr)	इलाज कराना	ilāj karāna
curare (vt)	इलाज करना	ilāj karana
accudire (un malato)	देखभाल करना	dekhabhāl karana
assistenza (f)	देखभाल (f)	dekhabhāl

operazione (f)	ऑपरेशन (m)	opareshan
bendare (vt)	पट्टी बाँधना	pattī bāndhana
fasciatura (f)	पट्टी (f)	pattī

vaccinazione (f)	टीका (m)	tīka
vaccinare (vt)	टीका लगाना	tīka lagāna
iniezione (f)	इंजेक्शन (m)	injekshan
fare una puntura	इंजेक्शन लगाना	injekshan lagāna

amputazione (f)	अंगविच्छेद (f)	angavichchhed
amputare (vt)	अंगविच्छेद करना	angavichchhed karana
coma (m)	कोमा (m)	koma
essere in coma	कोमा में चले जाना	koma men chale jāna
rianimazione (f)	गहन चिकित्सा (f)	gahan chikitsa

guarire (vi)	ठीक हो जाना	thīk ho jāna
stato (f) (del paziente)	हालत (f)	hālat
conoscenza (f)	होश (m)	hosh
memoria (f)	याददाश्त (f)	yādadāsht
estrarre (~ un dente)	दाँत निकालना	dānt nikālana
otturazione (f)	भराव (m)	bharāv

otturare (vt)	दाँत को भरना	dānt ko bharana
ipnosi (f)	हिपनोसिस (m)	hipanosis
ipnotizzare (vt)	हिपनोटाइज़ करना	hipanotaiz karana

51. Medici

medico (m)	डॉक्टर (m)	doktar
infermiera (f)	नर्स (m)	nars
medico (m) personale	निजी डॉक्टर (m)	nijī doktar
dentista (m)	दंत-चिकित्सक (m)	dant-chikitsak
oculista (m)	आँखों का डॉक्टर (m)	ānkhon ka doktar
internista (m)	चिकित्सक (m)	chikitsak
chirurgo (m)	शल्य-चिकित्सक (m)	shaly-chikitsak
psichiatra (m)	मनोरोग चिकित्सक (m)	manorog chikitsak
pediatra (m)	बाल-चिकित्सक (m)	bāl-chikitsak
psicologo (m)	मनोवैज्ञानिक (m)	manovaigyānik
ginecologo (m)	प्रसूतिशास्री (f)	prasūtishāsrī
cardiologo (m)	हृदय रोग विशेषज्ञ (m)	hrday rog visheshagy

52. Medicinali. Farmaci. Accessori

medicina (f)	दवा (f)	dava
rimedio (m)	दवाई (f)	davaī
prescrivere (vt)	नुस्ख़ा लिखना	nusakha likhana
prescrizione (f)	नुस्ख़ा (m)	nusakha
compressa (f)	गोली (f)	golī
unguento (m)	मरहम (m)	maraham
fiala (f)	एम्प्यूल (m)	empyūl
pozione (f)	सिरप (m)	sirap
sciroppo (m)	शरबत (m)	sharabat
pillola (f)	गोली (f)	golī
polverina (f)	चूरन (m)	chūran
benda (f)	पट्टी (f)	pattī
ovatta (f)	रूई का गोला (m)	rūī ka gola
iodio (m)	आयोडीन (m)	āyodīn
cerotto (m)	बैंड-एड (m)	baind-ed
contagocce (m)	आई-ड्रॉपर (m)	āī-dropar
termometro (m)	थरमामीटर (m)	tharamāmītar
siringa (f)	इंजेक्शन (m)	injekshan
sedia (f) a rotelle	व्हीलचेयर (f)	vhīlacheyar
stampelle (f pl)	बैसाखी (m pl)	baisākhī
analgesico (m)	दर्द-निवारक (f)	dard-nivārak
lassativo (m)	जुलाब की गोली (f)	julāb kī golī
alcol (m)	स्पिरिट (m)	spirit
erba (f) officinale	जड़ी-बूटी (f)	jarī-būtī
d'erbe (infuso ~)	जड़ी-बूटियों से बना	jarī-būtiyon se bana

HABITAT UMANO

Città

53. Città. Vita di città

Italiano	Hindi	Traslitterazione
città (f)	नगर (m)	nagar
capitale (f)	राजधानी (f)	rājadhānī
villaggio (m)	गांव (m)	gā̃nv
mappa (f) della città	नगर का नक्शा (m)	nagar ka naksha
centro (m) della città	नगर का केन्द्र (m)	nagar ka kendr
sobborgo (m)	उपनगर (m)	upanagar
suburbano (agg)	उपनगरिक	upanagarik
periferia (f)	बाहरी इलाका (m)	bāharī ilāka
dintorni (m pl)	इर्दगिर्द के इलाके (m pl)	irdagird ke ilāke
isolato (m)	सेक्टर (m)	sektar
quartiere residenziale	मुहल्ला (m)	muhalla
traffico (m)	यातायात (f)	yātāyāt
semaforo (m)	यातायात सिग्नल (m)	yātāyāt signal
trasporti (m pl) urbani	जन परिवहन (m)	jan parivahan
incrocio (m)	चौराहा (m)	chaurāha
passaggio (m) pedonale	ज़ेबरा क्रॉसिंग (f)	zebara krosing
sottopassaggio (m)	पैदल यात्रियों के लिए अंडरपास (f)	paidal yātriyon ke lie andarapās
attraversare (vt)	सड़क पार करना	sarak pār karana
pedone (m)	पैदल-यात्री (m)	paidal-yātrī
marciapiede (m)	फुटपाथ (m)	futapāth
ponte (m)	पुल (m)	pul
banchina (f)	तट (m)	tat
fontana (f)	फौवारा (m)	fauvāra
vialetto (m)	छायापथ (f)	chhāyāpath
parco (m)	पार्क (m)	pārk
boulevard (m)	चौड़ी सड़क (m)	chaurī sarak
piazza (f)	मैदान (m)	maidān
viale (m), corso (m)	मार्ग (m)	mārg
via (f), strada (f)	सड़क (f)	sarak
vicolo (m)	गली (f)	galī
vicolo (m) cieco	बंद गली (f)	band galī
casa (f)	मकान (m)	makān
edificio (m)	इमारत (f)	imārat
grattacielo (m)	गगनचुंबी भवन (f)	gaganachumbī bhavan
facciata (f)	अगवाड़ा (m)	agavāra

T&P Books. Vocabolario Italiano-Hindi per studio autodidattico - 5000 parole

tetto (m)	छत (f)	chhat
finestra (f)	खिड़की (f)	khirakī
arco (m)	मेहराब (m)	meharāb
colonna (f)	स्तंभ (m)	stambh
angolo (m)	कोना (m)	kona

vetrina (f)	दुकान का शो-केस (m)	dukān ka sho-kes
insegna (f) (di negozi, ecc.)	साईनबोर्ड (m)	saīnabord
cartellone (m)	पोस्टर (m)	postar
cartellone (m) pubblicitario	विज्ञापन पोस्टर (m)	vigyāpan postar
tabellone (m) pubblicitario	बिलबोर्ड (m)	bilabord

pattume (m), spazzatura (f)	कूड़ा (m)	kūra
pattumiera (f)	कूड़े का डिब्बा (m)	kūre ka dibba
sporcare (vi)	कूड़ा-कर्कट डालना	kūra-karkat dālana
discarica (f) di rifiuti	डम्पिंग ग्राउंड (m)	damping graund

cabina (f) telefonica	फ़ोन बूथ (m)	fon būth
lampione (m)	बिजली का खंभा (m)	bijalī ka khambha
panchina (f)	पार्क-बेंच (f)	pārk-bench

poliziotto (m)	पुलिसवाला (m)	pulisavāla
polizia (f)	पुलिस (m)	pulis
mendicante (m)	भिखारी (m)	bhikhārī
barbone (m)	बेघर (m)	beghar

54. Servizi cittadini

negozio (m)	दुकान (f)	dukān
farmacia (f)	दवाख़ाना (m)	davākhāna
ottica (f)	चश्मे की दुकान (f)	chashme kī dukān
centro (m) commerciale	शॉपिंग मॉल (m)	choping mol
supermercato (m)	सुपर बाज़ार (m)	supar bāzār

panetteria (f)	बेकरी (f)	bekarī
fornaio (m)	बेकर (m)	bekar
pasticceria (f)	टॉफ़ी की दुकान (f)	tofī kī dukān
drogheria (f)	परचून की दुकान (f)	parachūn kī dukān
macelleria (f)	गोश्त की दुकान (f)	gosht kī dukān

| fruttivendolo (m) | सब्ज़ियों की दुकान (f) | sabziyon kī dukān |
| mercato (m) | बाज़ार (m) | bāzār |

caffè (m)	काफ़ी हाउस (m)	kāfī haus
ristorante (m)	रेस्टरॉं (m)	restarān
birreria (f), pub (m)	शराबख़ाना (m)	sharābakhāna
pizzeria (f)	पिट्ज़ा की दुकान (f)	pitza kī dukān

salone (m) di parrucchiere	नाई की दुकान (f)	naī kī dukān
ufficio (m) postale	डाकघर (m)	dākaghar
lavanderia (f) a secco	ड्राइक्लीनर (m)	draiklīnar
studio (m) fotografico	फ़ोटो की दुकान (f)	foto kī dukān
negozio (m) di scarpe	जूते की दुकान (f)	jūte kī dukān
libreria (f)	किताबों की दुकान (f)	kitābon kī dukān

T&P Books. Vocabolario Italiano-Hindi per studio autodidattico - 5000 parole

negozio (m) sportivo	खेलकूद की दुकान (f)	khelakūd kī dukān
riparazione (f) di abiti	कपड़ों की मरम्मत की दुकान (f)	kaparon kī marammat kī dukān
noleggio (m) di abiti	कपड़ों को किराए पर देने की दुकान (f)	kaparon ko kirae par dene kī dukān
noleggio (m) di film	वीडियो रेन्टल दुकान (f)	vīdiyo rental dukān

circo (m)	सर्कस (m)	sarkas
zoo (m)	चिड़ियाघर (m)	chiriyāghar
cinema (m)	सिनेमाघर (m)	sinemāghar
museo (m)	संग्रहालय (m)	sangrahālay
biblioteca (f)	पुस्तकालय (m)	pustakālay

teatro (m)	रंगमंच (m)	rangamanch
teatro (m) dell'opera	ओपेरा (m)	opera
locale notturno (m)	नाईट क्लब (m)	naīt klab
casinò (m)	केसिनो (m)	kesino

moschea (f)	मस्जिद (m)	masjid
sinagoga (f)	सीनागोग (m)	sīnāgog
cattedrale (f)	गिरजाघर (m)	girajāghar
tempio (m)	मंदिर (m)	mandir
chiesa (f)	गिरजाघर (m)	girajāghar

istituto (m)	कॉलेज (m)	kolej
università (f)	विश्वविद्यालय (m)	vishvavidyālay
scuola (f)	विद्यालय (m)	vidyālay

prefettura (f)	प्रशासक प्रान्त (m)	prashāsak prānt
municipio (m)	सिटी हॉल (m)	sitī hol
albergo, hotel (m)	होटल (f)	hotal
banca (f)	बैंक (m)	baink

ambasciata (f)	दूतावस (m)	dūtāvas
agenzia (f) di viaggi	पर्यटन आफिस (m)	paryatan āfis
ufficio (m) informazioni	पूछताछ कार्यालय (m)	pūchhatāchh kāryālay
ufficio (m) dei cambi	मुद्रालय (m)	mudrālay

| metropolitana (f) | मेट्रो (m) | metro |
| ospedale (m) | अस्पताल (m) | aspatāl |

| distributore (m) di benzina | पेट्रोल पम्प (f) | petrol pamp |
| parcheggio (m) | पार्किंग (f) | pārking |

55. Cartelli

insegna (f) (di negozi, ecc.)	साईनबोर्ड (m)	saīnabord
iscrizione (f)	दुकान का साईन (m)	dukān ka saīn
cartellone (m)	पोस्टर (m)	postar
segnale (m) di direzione	दिशा संकेतक (m)	disha sanketak
freccia (f)	तीर दिशा संकेतक (m)	tīr disha sanketak

| avvertimento (m) | चेतावनी (f) | chetāvanī |
| avviso (m) | चेतावनी संकेतक (m) | chetāvanī sanketak |

avvertire, avvisare (vt)	चेतावनी देना	chetāvanī dena
giorno (m) di riposo	छुट्टी का दिन (m)	chhuttī ka din
orario (m)	समय सारणी (f)	samay sāranī
orario (m) di apertura	खुलने का समय (m)	khulane ka samay
BENVENUTI!	आपका स्वागत है!	āpaka svāgat hai!
ENTRATA	प्रवेश	pravesh
USCITA	निकास	nikās
SPINGERE	धक्का दें	dhakka den
TIRARE	खींचे	khīnche
APERTO	खुला	khula
CHIUSO	बंद	band
DONNE	औरतों के लिये	auraton ke liye
UOMINI	आदमियों के लिये	ādamiyon ke liye
SCONTI	डिस्काउन्ट	diskaunt
SALDI	सेल	sel
NOVITÀ!	नया!	naya!
GRATIS	मुफ्त	muft
ATTENZIONE!	ध्यान दें!	dhyān den!
COMPLETO	कोई जगह खाली नहीं है	koī jagah khālī nahin hai
RISERVATO	रिज़र्वड	rizarvad
AMMINISTRAZIONE	प्रशासन	prashāsan
RISERVATO AL PERSONALE	केवल कर्मचारियों के लिए	keval karmachāriyon ke lie
ATTENTI AL CANE	कुत्ते से सावधान!	kutte se sāvadhān!
VIETATO FUMARE!	धूम्रपान निषेध!	dhumrapān nishedh!
NON TOCCARE	छूना मना!	chhūna mana!
PERICOLOSO	खतरा	khatara
PERICOLO	खतरा	khatara
ALTA TENSIONE	उच्च वोल्टेज	uchch voltej
DIVIETO DI BALNEAZIONE	तैरना मना!	tairana mana!
GUASTO	ख़राब	kharāb
INFIAMMABILE	ज्वलनशील	jvalanashīl
VIETATO	निषिद्ध	nishiddh
VIETATO L'INGRESSO	प्रवेश निषेध!	pravesh nishedh!
VERNICE FRESCA	गीला पेंट	gīla pent

56. Mezzi pubblici in città

autobus (m)	बस (f)	bas
tram (m)	ट्रैम (m)	traim
filobus (m)	ट्रॉलीबस (f)	trolības
itinerario (m)	मार्ग (m)	mārg
numero (m)	नम्बर (m)	nambar
andare in ...	के माध्यम से जाना	ke mādhyam se jāna
salire (~ sull'autobus)	सवार होना	savār hona

scendere da ...	उतरना	utarana
fermata (f) (~ dell'autobus)	बस स्टॉप (m)	bas stop
prossima fermata (f)	अगला स्टॉप (m)	agala stop
capolinea (m)	अंतिम स्टेशन (m)	antim steshan
orario (m)	समय सारणी (f)	samay sāranī
aspettare (vt)	इंतज़ार करना	intazār karana
biglietto (m)	टिकट (m)	tikat
prezzo (m) del biglietto	टिकट का किराया (m)	tikat ka kirāya
cassiere (m)	कैशियर (m)	kaishiyar
controllo (m) dei biglietti	टिकट जाँच (f)	tikat jānch
bigliettaio (m)	कंडक्टर (m)	kandaktar
essere in ritardo	देर हो जाना	der ho jāna
perdere (~ il treno)	छूट जाना	chhūt jāna
avere fretta	जल्दी में रहना	jaldī men rahana
taxi (m)	टैक्सी (m)	taiksī
taxista (m)	टैक्सीवाला (m)	taiksīvāla
in taxi	टैक्सी से (m)	taiksī se
parcheggio (m) di taxi	टैक्सी स्टैंड (m)	taiksī staind
chiamare un taxi	टैक्सी बुलाना	taiksī bulāna
prendere un taxi	टैक्सी लेना	taiksī lena
traffico (m)	यातायात (f)	yātāyāt
ingorgo (m)	ट्रैफ़िक जाम (m)	traifik jām
ore (f pl) di punta	भीड़ का समय (m)	bhīr ka samay
parcheggiarsi (vr)	पार्क करना	pārk karana
parcheggiare (vt)	पार्क करना	pārk karana
parcheggio (m)	पार्किंग (f)	pārking
metropolitana (f)	मेट्रो (m)	metro
stazione (f)	स्टेशन (m)	steshan
prendere la metropolitana	मेट्रो लेना	metro lena
treno (m)	रेलगाड़ी, ट्रेन (f)	relagārī, tren
stazione (f) ferroviaria	स्टेशन (m)	steshan

57. Visita turistica

monumento (m)	स्मारक (m)	smārak
fortezza (f)	किला (m)	kila
palazzo (m)	भवन (m)	bhavan
castello (m)	महल (m)	mahal
torre (f)	मीनार (m)	mīnār
mausoleo (m)	समाधि (f)	samādhi
architettura (f)	वस्तुशाला (m)	vastushāla
medievale (agg)	मध्ययुगीय	madhayayugīy
antico (agg)	प्राचीन	prāchīn
nazionale (agg)	राष्ट्रीय	rāshtrīy
famoso (agg)	मशहूर	mashhūr
turista (m)	पर्यटक (m)	paryatak
guida (f)	गाइड (m)	gaid

escursione (f)	पर्यटन यात्रा (m)	paryatan yātra
fare vedere	दिखाना	dikhāna
raccontare (vt)	बताना	batāna

trovare (vt)	ढूँढना	dhūnrhana
perdersi (vr)	खो जाना	kho jāna
mappa (f)	नक्शा (m)	naksha
(~ della metropolitana)		
piantina (f) (~ della città)	नक्शा (m)	naksha

souvenir (m)	यादगार (m)	yādagār
negozio (m) di articoli da regalo	गिफ्ट शॉप (f)	gift shop
fare foto	फोटो खींचना	foto khīnchana
fotografarsi	अपना फ़ोटो खिंचवाना	apana foto khinchavāna

58. Acquisti

comprare (vt)	खरीदना	kharīdana
acquisto (m)	खरीदारी (f)	kharīdārī
fare acquisti	खरीदारी करने जाना	kharīdārī karane jāna
shopping (m)	खरीदारी (f)	kharīdārī

| essere aperto (negozio) | खुला होना | khula hona |
| essere chiuso | बन्द होना | band hona |

calzature (f pl)	जूता (m)	jūta
abbigliamento (m)	पोशाक (m)	poshāk
cosmetica (f)	श्रृंगार-सामग्री (f)	shrrngār-sāmagrī
alimentari (m pl)	खाने-पीने की चीज़ें (f pl)	khāne-pīne kī chīzen
regalo (m)	उपहार (m)	upahār

| commesso (m) | बेचनेवाला (m) | bechanevāla |
| commessa (f) | बेचनेवाली (f) | bechanevālī |

cassa (f)	कैश-काउन्टर (m)	kaish-kauntar
specchio (m)	आईना (m)	āīna
banco (m)	काउन्टर (m)	kauntar
camerino (m)	ट्राई करने का कमरा (m)	traī karane ka kamara

provare (~ un vestito)	ट्राई करना	traī karana
stare bene (vestito)	फिटिंग करना	fiting karana
piacere (vi)	पसंद करना	pasand karana

prezzo (m)	दाम (m)	dām
etichetta (f) del prezzo	प्राइस टैग (m)	prais taig
costare (vt)	दाम होना	dām hona
Quanto?	कितना?	kitana?
sconto (m)	डिस्काउन्ट (m)	diskaunt

no muy caro (agg)	सस्ता	sasta
a buon mercato	सस्ता	sasta
caro (agg)	महंगा	mahanga
È caro	यह महंगा है	yah mahanga hai

noleggio (m)	रेन्टल (m)	rental
noleggiare (~ un abito)	किराए पर लेना	kirae par lena
credito (m)	क्रेडिट (m)	kredit
a credito	क्रेडिट पर	kredit par

59. Denaro

soldi (m pl)	पैसा (m pl)	paisa
cambio (m)	मुद्रा विनिमय (m)	mudra vinimay
corso (m) di cambio	विनिमय दर (m)	vinimay dar
bancomat (m)	एटीएम (m)	eṭīem
moneta (f)	सिक्का (m)	sikka

dollaro (m)	डॉलर (m)	dolar
euro (m)	यूरो (m)	yūro

lira (f)	लीरा (f)	līra
marco (m)	डचमार्क (m)	dachamārk
franco (m)	फ्रांक (m)	frānk
sterlina (f)	पाउन्ड स्टरलिंग (m)	paund staraling
yen (m)	येन (m)	yen

debito (m)	कर्ज़ (m)	karz
debitore (m)	क़र्ज़दार (m)	qarzadār
prestare (~ i soldi)	कर्ज़ देना	karz dena
prendere in prestito	कर्ज़ लेना	karz lena

banca (f)	बैंक (m)	baink
conto (m)	बैंक खाता (m)	baink khāta
versare sul conto	बैंक खाते में जमा करना	baink khāte men jama karana
prelevare dal conto	खाते से पैसे निकालना	khāte se paise nikālana

carta (f) di credito	क्रेडिट कार्ड (m)	kredit kārd
contanti (m pl)	कैश (m pl)	kaish
assegno (m)	चेक (m)	chek
emettere un assegno	चेक लिखना	chek likhana
libretto (m) di assegni	चेकबुक (f)	chekabuk

portafoglio (m)	बटुआ (m)	batua
borsellino (m)	बटुआ (m)	batua
cassaforte (f)	लॉकर (m)	lokar

erede (m)	उत्तराधिकारी (m)	uttarādhikārī
eredità (f)	उत्तराधिकार (m)	uttarādhikār
fortuna (f)	संपत्ति (f)	sampatti

affitto (m), locazione (f)	किराये पर देना (m)	kirāye par dena
canone (m) d'affitto	किराया (m)	kirāya
affittare (dare in affitto)	किराए पर लेना	kirae par lena

prezzo (m)	दाम (m)	dām
costo (m)	कीमत (f)	kīmat
somma (f)	रक़म (m)	raqam
spendere (vt)	खर्च करना	kharch karana

spese (f pl)	खर्च (m pl)	kharch
economizzare (vi, vt)	बचत करना	bachat karana
economico (agg)	किफ़ायती	kifāyatī
pagare (vi, vt)	दाम चुकाना	dām chukāna
pagamento (m)	भुगतान (m)	bhugatān
resto (m) (dare il ~)	चिल्लर (m)	chillar
imposta (f)	टैक्स (m)	taiks
multa (f), ammenda (f)	जुर्माना (m)	jurmāna
multare (vt)	जुर्माना लगाना	jurmāna lagāna

60. Posta. Servizio postale

ufficio (m) postale	डाकघर (m)	dākaghar
posta (f) (lettere, ecc.)	डाक (m)	dāk
postino (m)	डाकिया (m)	dākiya
orario (m) di apertura	खुलने का समय (m)	khulane ka samay
lettera (f)	पत्र (m)	patr
raccomandata (f)	रजिस्टरी पत्र (m)	rajistarī patr
cartolina (f)	पोस्ट कार्ड (m)	post kārd
telegramma (m)	तार (m)	tār
pacco (m) postale	पार्सल (f)	pārsal
vaglia (m) postale	मनी ट्रांसफर (m)	manī trānsafar
ricevere (vt)	पाना	pāna
spedire (vt)	भेजना	bhejana
invio (m)	भेज (m)	bhej
indirizzo (m)	पता (m)	pata
codice (m) postale	पिन कोड (m)	pin kod
mittente (m)	भेजनेवाला (m)	bhejanevāla
destinatario (m)	पानेवाला (m)	pānevāla
nome (m)	पहला नाम (m)	pahala nām
cognome (m)	उपनाम (m)	upanām
tariffa (f)	डाक दर (m)	dāk dar
ordinario (agg)	मानक	mānak
standard (agg)	किफ़ायती	kifāyatī
peso (m)	वज़न (m)	vazan
pesare (vt)	तोलना	tolana
busta (f)	लिफ़ाफ़ा (m)	lifāfa
francobollo (m)	डाक टिकट (m)	dāk tikat
affrancare (vt)	डाक टिकट लगाना	dāk tikat lagāna

Abitazione. Casa

61. Casa. Elettricità

elettricità (f)	बिजली (f)	bijalī
lampadina (f)	बल्ब (m)	balb
interruttore (m)	स्विच (m)	svich
fusibile (m)	फ्यूज़ बटन (m)	fyūz batan
filo (m)	तार (m)	tār
impianto (m) elettrico	तार (m)	tār
contatore (m) dell'elettricità	बिजली का मीटर (m)	bijalī ka mītar
lettura, indicazione (f)	मीटर रीडिंग (f)	mītar rīding

62. Villa. Palazzo

casa (f) di campagna	गाँव का मकान (m)	gānv ka makān
villa (f)	बंगला (m)	bangala
ala (f)	खंड (m)	khand
giardino (m)	बाग़ (m)	bāg
parco (m)	पार्क (m)	pārk
serra (f)	ग्रीनहाउस (m)	grīnahaus
prendersi cura (~ del giardino)	देखभाल करना	dekhabhāl karana
piscina (f)	तरण-ताल (m)	taran-tāl
palestra (f)	व्यायाम कक्ष (m)	vyāyām kaksh
campo (m) da tennis	टेनिस-कोर्ट (m)	tenis-kort
home cinema (m)	सिनेमाघर (m)	sinemāghar
garage (m)	गराज (m)	garāj
proprietà (f) privata	नीजी सम्पत्ति (f)	nījī sampatti
terreno (m) privato	नीजी ज़मीन (f)	nījī zamīn
avvertimento (m)	चेतावनी (f)	chetāvanī
cartello (m) di avvertimento	चेतावनी संकेत (m)	chetāvanī sanket
sicurezza (f)	सुरक्षा (f)	suraksha
guardia (f) giurata	पहरेदार (m)	paharedār
allarme (f) antifurto	चोर घंटी (f)	chor ghantī

63. Appartamento

appartamento (m)	फ़्लैट (f)	flait
camera (f), stanza (f)	कमरा (m)	kamara

camera (f) da letto	सोने का कमरा (m)	sone ka kamara
sala (f) da pranzo	खाने का कमरा (m)	khāne ka kamara
salotto (m)	बैठक (f)	baithak
studio (m)	घरेलू कार्यालय (m)	gharelū kāryālay
ingresso (m)	प्रवेश कक्ष (m)	pravesh kaksh
bagno (m)	स्नानघर (m)	snānaghar
gabinetto (m)	शौचालय (m)	shauchālay
soffitto (m)	छत (f)	chhat
pavimento (m)	फ़र्श (m)	farsh
angolo (m)	कोना (m)	kona

64. Arredamento. Interno

mobili (m pl)	फ़र्निचर (m)	farnichar
tavolo (m)	मेज़ (f)	mez
sedia (f)	कुर्सी (f)	kursī
letto (m)	पलंग (m)	palang
divano (m)	सोफ़ा (m)	sofa
poltrona (f)	हत्थे वाली कुर्सी (f)	hatthe vālī kursī
libreria (f)	किताबों की अलमारी (f)	kitābon kī alamārī
ripiano (m)	शेल्फ़ (f)	shelf
armadio (m)	कपड़ों की अलमारी (f)	kaparon kī alamārī
attaccapanni (m) da parete	खूँटी (f)	khūntī
appendiabiti (m) da terra	खूँटी (f)	khūntī
comò (m)	कपड़ों की अलमारी (f)	kaparon kī alamārī
tavolino (m) da salotto	कॉफ़ी की मेज़ (f)	kofī kī mez
specchio (m)	आईना (m)	āīna
tappeto (m)	कालीन (m)	kālīn
tappetino (m)	दरी (f)	darī
camino (m)	चिमनी (f)	chimanī
candela (f)	मोमबत्ती (f)	momabattī
candeliere (m)	मोमबत्तीदान (m)	momabattīdān
tende (f pl)	परदे (m pl)	parade
carta (f) da parati	वॉल पेपर (m)	vol pepar
tende (f pl) alla veneziana	जेलुज़ी (f pl)	jeluzī
lampada (f) da tavolo	मेज़ का लैम्प (m)	mez ka laimp
lampada (f) da parete	दिवार का लैम्प (m)	divār ka laimp
lampada (f) a stelo	फ़र्श का लैम्प (m)	farsh ka laimp
lampadario (m)	झूमर (m)	jhūmar
gamba (f)	पाँव (m)	pānv
bracciolo (m)	कुर्सी का हत्था (m)	kursī ka hattha
spalliera (f)	कुर्सी की पीठ (f)	kursī kī pīth
cassetto (m)	दराज़ (f)	darāz

65. Biancheria da letto

biancheria (f) da letto	बिस्तर के कपड़े (m)	bistar ke kapare
cuscino (m)	तकिया (m)	takiya
federa (f)	ग़िलाफ़ (m)	gilāf
coperta (f)	रज़ाई (f)	razaī
lenzuolo (m)	चादर (f)	chādar
copriletto (m)	चादर (f)	chādar

66. Cucina

cucina (f)	रसोईघर (m)	rasoīghar
gas (m)	गैस (m)	gais
fornello (m) a gas	गैस का चूल्हा (m)	gais ka chūlha
fornello (m) elettrico	बिजली का चूल्हा (m)	bijalī ka chūlha
forno (m)	ओवन (m)	ovan
forno (m) a microonde	माइक्रोवेव ओवन (m)	maikrovev ovan
frigorifero (m)	फ़ूज़ि (m)	frij
congelatore (m)	फ़्रीज़र (m)	frījar
lavastoviglie (f)	डिशवॉशर (m)	dishavoshar
tritacarne (m)	कीमा बनाने की मशीन (f)	kīma banāne kī mashīn
spremifrutta (m)	जूसर (m)	jūsar
tostapane (m)	टोस्टर (m)	tostar
mixer (m)	मिक्सर (m)	miksar
macchina (f) da caffè	कॉफ़ी मशीन (f)	kofī mashīn
caffettiera (f)	कॉफ़ी पॉट (m)	kofī pot
macinacaffè (m)	कॉफ़ी पीसने की मशीन (f)	kofī pīsane kī mashīn
bollitore (m)	केतली (f)	ketalī
teiera (f)	चायदानी (f)	chāyadānī
coperchio (m)	ढक्कन (m)	dhakkan
colino (m) da tè	छलनी (f)	chhalanī
cucchiaio (m)	चम्मच (m)	chammach
cucchiaino (m) da tè	चम्मच (m)	chammach
cucchiaio (m)	चम्मच (m)	chammach
forchetta (f)	काँटा (m)	kānta
coltello (m)	छुरी (f)	chhurī
stoviglie (f pl)	बरतन (m)	baratan
piatto (m)	तश्तरी (f)	tashtarī
piattino (m)	तश्तरी (f)	tashtarī
cicchetto (m)	जाम (m)	jām
bicchiere (m) (~ d'acqua)	गिलास (m)	gilās
tazzina (f)	प्याला (m)	pyāla
zuccheriera (f)	चीनीदानी (f)	chīnīdānī
saliera (f)	नमकदानी (m)	namakadānī
pepiera (f)	मिर्चदानी (f)	mirchadānī

burriera (f)	मक्खनदानी (f)	makkhanadānī
pentola (f)	सॉसपैन (m)	sosapain
padella (f)	फ्राइ पैन (f)	frai pain
mestolo (m)	डोई (f)	doī
colapasta (m)	कालेन्डर (m)	kālendar
vassoio (m)	थाली (m)	thālī

bottiglia (f)	बोतल (f)	botal
barattolo (m) di vetro	शीशी (f)	shīshī
latta, lattina (f)	डिब्बा (m)	dibba

apribottiglie (m)	बोतल ओपनर (m)	botal opanar
apriscatole (m)	ओपनर (m)	opanar
cavatappi (m)	पेंचकस (m)	penchakas
filtro (m)	फ़िल्टर (m)	filtar
filtrare (vt)	फ़िल्टर करना	filtar karana

spazzatura (f)	कूड़ा (m)	kūra
pattumiera (f)	कूड़े की बाल्टी (f)	kūre kī bāltī

67. Bagno

bagno (m)	स्नानघर (m)	snānaghar
acqua (f)	पानी (m)	pānī
rubinetto (m)	नल (m)	nal
acqua (f) calda	गरम पानी (m)	garam pānī
acqua (f) fredda	ठंडा पानी (m)	thanda pānī

dentifricio (m)	टूथपेस्ट (m)	tūthapest
lavarsi i denti	दाँत ब्रश करना	dānt brash karana

rasarsi (vr)	शेव करना	shev karana
schiuma (f) da barba	शेविंग फ़ोम (m)	sheving fom
rasoio (m)	रेज़र (f)	rezar

lavare (vt)	धोना	dhona
fare un bagno	नहाना	nahāna
doccia (f)	शावर (m)	shāvar
fare una doccia	शावर लेना	shāvar lena

vasca (f) da bagno	बाथटब (m)	bāthatab
water (m)	संडास (m)	sandās
lavandino (m)	सिंक (m)	sink

sapone (m)	साबुन (m)	sābun
porta (m) sapone	साबुनदानी (f)	sābunadānī

spugna (f)	स्पंज (f)	spanj
shampoo (m)	शैम्पू (m)	shaimpū
asciugamano (m)	तौलिया (f)	tauliya
accappatoio (m)	चोगा (m)	choga

bucato (m)	धुलाई (f)	dhulaī
lavatrice (f)	वॉशिंग मशीन (f)	voshing mashīn

fare il bucato	कपड़े धोना	kapare dhona
detersivo (m) per il bucato	कपड़े धोने का पाउडर (m)	kapare dhone ka paudar

68. Elettrodomestici

televisore (m)	टीवी सेट (m)	tīvī set
registratore (m) a nastro	टेप रिकार्डर (m)	tep rikārdar
videoregistratore (m)	वीडियो टेप रिकार्डर (m)	vīdiyo tep rikārdar
radio (f)	रेडियो (m)	rediyo
lettore (m)	प्लेयर (m)	pleyar
videoproiettore (m)	वीडियो प्रोजेक्टर (m)	vīdiyo projektar
home cinema (m)	होम थीएटर (m)	hom thīetar
lettore (m) DVD	डीवीडी प्लेयर (m)	dīvīdī pleyar
amplificatore (m)	ध्वनि-विस्तारक (m)	dhvani-vistārak
console (f) video giochi	वीडियो गेम कन्सोल (m)	vīdiyo gem kansol
videocamera (f)	वीडियो कैमरा (m)	vīdiyo kaimara
macchina (f) fotografica	कैमरा (m)	kaimara
fotocamera (f) digitale	डीजिटल कैमरा (m)	dījital kaimara
aspirapolvere (m)	वैक्यूम क्लीनर (m)	vaikyūm klīnar
ferro (m) da stiro	इस्तरी (f)	istarī
asse (f) da stiro	इस्तरी तख़्ता (m)	istarī takhta
telefono (m)	टेलीफ़ोन (m)	telīfon
telefonino (m)	मोबाइल फ़ोन (m)	mobail fon
macchina (f) da scrivere	टाइपराइटर (m)	taiparaitar
macchina (f) da cucire	सिलाई मशीन (f)	silaī mashīn
microfono (m)	माइक्रोफ़ोन (m)	maikrofon
cuffia (f)	हैड्फ़ोन (m pl)	hairafon
telecomando (m)	रिमोट (m)	rimot
CD (m)	सीडी (m)	sīdī
cassetta (f)	कैसेट (f)	kaiset
disco (m) (vinile)	रिकार्ड (m)	rikārd

ATTIVITÀ UMANA

Lavoro. Affari. Parte 1

69. Ufficio. Lavorare in ufficio

uffici (m pl) (gli ~ della società)	कार्यालय (m)	kāryālay
ufficio (m)	कार्यालय (m)	kāryālay
portineria (f)	रिसेप्शन (m)	risepshan
segretaria (f)	सेक्रटरी (f)	sekratarī
direttore (m)	निदेशक (m)	nideshak
manager (m)	मैनेजर (m)	mainejar
contabile (m)	लेखापाल (m)	lekhāpāl
impiegato (m)	कर्मचारी (m)	karmachārī
mobili (m pl)	फ़र्निचर (m)	farnichar
scrivania (f)	मेज़ (f)	mez
poltrona (f)	कुर्सी (f)	kursī
cassettiera (f)	साइड टेबल (f)	said tebal
appendiabiti (m) da terra	खूँटी (f)	khūntī
computer (m)	कंप्यूटर (m)	kampyūtar
stampante (f)	प्रिन्टर (m)	printar
fax (m)	फ़ैक्स मशीन (f)	faiks mashīn
fotocopiatrice (f)	ज़ीरोक्स (m)	zīroks
carta (f)	काग़ज़ (m)	kāgaz
cancelleria (f)	स्टेशनरी (m pl)	steshanarī
tappetino (m) del mouse	माउस पैड (m)	maus paid
foglio (m)	पन्ना (m)	panna
cartella (f)	बाइन्डर (m)	baindar
catalogo (m)	कैटेलॉग (m)	kaitelog
elenco (m) del telefono	डाइरेक्टरी (f)	dairektarī
documentazione (f)	दस्तावेज़ (m)	dastāvez
opuscolo (m)	पुस्तिका (f)	pustika
volantino (m)	पर्चा (m)	parcha
campione (m)	नमूना (m)	namūna
formazione (f)	प्रशिक्षण बैठक (f)	prashikshan baithak
riunione (f)	बैठक (f)	baithak
pausa (f) pranzo	मध्यान्तर (m)	madhyāntar
copiare (vt)	कॉपी करना	kopī karana
fare copie	ज़ीरोक्स करना	zīroks karana
ricevere un fax	फ़ैक्स मिलना	faiks milana
spedire un fax	फ़ैक्स भेजना	faiks bhejana
telefonare (vi, vt)	फ़ोन करना	fon karana

rispondere (vi, vt)	जवाब देना	javāb dena
passare (glielo passo)	फ़ोन ट्रांस्फ़र करना	fon trānsfar karana
fissare (organizzare)	व्यवस्थित करना	vyavasthit karana
dimostrare (vt)	प्रदर्शित करना	pradarshit karana
essere assente	अनुपस्थित होना	anupasthit hona
assenza (f)	अनुपस्थिती (f)	anupasthitī

70. Operazioni d'affari. Parte 1

occupazione (f)	पेशा (m)	pesha
ditta (f)	कम्पनी (f)	kampanī
compagnia (f)	कम्पनी (f)	kampanī
corporazione (f)	निगम (m)	nigam
impresa (f)	उद्योग (m)	udyog
agenzia (f)	एजेंसी (f)	ejensī
accordo (m)	समझौता (f)	samajhauta
contratto (m)	ठेका (m)	theka
affare (m)	सौदा (f)	sauda
ordine (m) (ordinazione)	आर्डर (m)	ārdar
termine (m) dell'accordo	शर्तें (f)	sharten
all'ingrosso	थोक	thok
all'ingrosso (agg)	थोक	thok
vendita (f) all'ingrosso	थोक (m)	thok
al dettaglio (agg)	खुदरा	khudara
vendita (f) al dettaglio	खुदरा (m)	khudara
concorrente (m)	प्रतियोगी (m)	pratiyogī
concorrenza (f)	प्रतियोगिता (f)	pratiyogita
competere (vi)	प्रतियोगिता करना	pratiyogita karana
socio (m), partner (m)	सहयोगी (f)	sahayogī
partenariato (m)	साझेदारी (f)	sājhedārī
crisi (f)	संकट (m)	sankat
bancarotta (f)	दिवाला (m)	divāla
fallire (vi)	दिवालिया हो जाना	divāliya ho jāna
difficoltà (f)	कठिनाई (f)	kathinaī
problema (m)	समस्या (f)	samasya
disastro (m)	दुर्घटना (f)	durghatana
economia (f)	अर्थशास्त्र (f)	arthashāstr
economico (agg)	आर्थिक	ārthik
recessione (f) economica	आर्थिक गिरावट (f)	arthik girāvat
scopo (m), obiettivo (m)	लक्ष्य (m)	lakshy
incarico (m)	कार्य (m)	kāry
commerciare (vi)	व्यापार करना	vyāpār karana
rete (f) (~ di distribuzione)	जाल (m)	jāl
giacenza (f)	गोदाम (m)	godām
assortimento (m)	किस्म (m)	kism

leader (m), capo (m)	लीडर (m)	līdar
grande (agg)	विशाल	vishāl
monopolio (m)	एकाधिकार (m)	ekādhikār
teoria (f)	सिद्धांत (f)	siddhānt
pratica (f)	व्यवहार (f)	vyavahār
esperienza (f)	अनुभव (m)	anubhav
tendenza (f)	प्रवृत्ति (f)	pravrtti
sviluppo (m)	विकास (m)	vikās

71. Operazioni d'affari. Parte 2

profitto (m)	लाभ (f)	lābh
profittevole (agg)	फ़ायदेमन्द	fāyademand
delegazione (f)	प्रतिनिधिमंडल (f)	pratinidhimandal
stipendio (m)	आय (f)	āy
correggere (vt)	ठीक करना	thīk karana
viaggio (m) d'affari	व्यापारिक यात्रा (f)	vyāpārik yātra
commissione (f)	आयोग (f)	āyog
controllare (vt)	जांचना	jānchana
conferenza (f)	सम्मेलन (m)	sammelan
licenza (f)	अनुज्ञप्ति (f)	anugyapti
affidabile (agg)	विश्वसनीय	vishvasanīy
iniziativa (f) (progetto nuovo)	पहल (f)	pahal
norma (f)	मानक (m)	mānak
circostanza (f)	परिस्थिति (f)	paristhiti
mansione (f)	कर्तव्य (m)	kartavy
impresa (f)	संगठन (f)	sangathan
organizzazione (f)	आयोजन (m)	āyojan
organizzato (agg)	आयोजित	āyojit
annullamento (m)	निरस्तीकरण (m)	nirastīkaran
annullare (vt)	रद्द करना	radd karana
rapporto (m) (~ ufficiale)	रिपोर्ट (m)	riport
brevetto (m)	पेटेंट (m)	petent
brevettare (vt)	पेटेंट करना	petent karana
pianificare (vt)	योजना बनाना	yojana banāna
premio (m)	बोनस (m)	bonas
professionale (agg)	पेशेवर	peshevar
procedura (f)	प्रक्रिया (f)	prakriya
esaminare (~ un contratto)	विचार करना	vichār karana
calcolo (m)	हिसाब (m)	hisāb
reputazione (f)	प्रतिष्ठा (f)	pratishtha
rischio (m)	जोखिम (m)	jokhim
dirigere (~ un'azienda)	प्रबंध करना	prabandh karana
informazioni (f pl)	सूचना (f)	sūchana
proprietà (f)	जायदाद (f)	jāyadād

unione (f) (~ Italiana Vini, ecc.)	संघ (m)	sangh
assicurazione (f) sulla vita	जीवन-बीमा (m)	jīvan-bīma
assicurare (vt)	बीमा करना	bīma karana
assicurazione (f)	बीमा (m)	bīma
asta (f)	नीलामी (m pl)	nīlāmī
avvisare (informare)	जानकारी देना	jānakārī dena
gestione (f)	प्रबंधन (m)	prabandhan
servizio (m)	सेवा (f)	seva
forum (m)	मंच (m)	manch
funzionare (vi)	कार्य करना	kāry karana
stadio (m) (fase)	चरण (m)	charan
giuridico (agg)	कानूनी	kānūnī
esperto (m) legale	वकील (m)	vakīl

72. Attività produttiva. Lavori

stabilimento (m)	कारख़ाना (m)	kārakhāna
fabbrica (f)	कारख़ाना (m)	kārakhāna
officina (f) di produzione	वर्कशाप (m)	varkashāp
stabilimento (m)	उत्पादन स्थल (m)	utpādan sthal
industria (f)	उद्योग (m)	udyog
industriale (agg)	औद्योगिक	audyogik
industria (f) pesante	भारी उद्योग (m)	bhārī udyog
industria (f) leggera	हल्का उद्योग (m)	halka udyog
prodotti (m pl)	उत्पाद (m)	utpād
produrre (vt)	उत्पादन करना	utpādan karana
materia (f) prima	कच्चा माल (m)	kachcha māl
caposquadra (m)	फ़ोरमैन (m)	foramain
squadra (f)	मज़दूर दल (m)	mazadūr dal
operaio (m)	मज़दूर (m)	mazadūr
giorno (m) lavorativo	कार्यदिवस (m)	kāryadivas
pausa (f)	अंतराल (m)	antarāl
riunione (f)	बैठक (f)	baithak
discutere (~ di un problema)	चर्चा करना	charcha karana
piano (m)	योजना (f)	yojana
eseguire il piano	योजना बनाना	yojana banāna
tasso (m) di produzione	उत्पादन दर (f)	utpādan dar
qualità (f)	गुणवत्ता (m)	gunavatta
controllo (m)	जाँच (f)	jānch
controllo (m) di qualità	गुणवत्ता जाँच (f)	gunavatta jānch
sicurezza (f) sul lavoro	कार्यस्थल सुरक्षा (f)	kāryasthal suraksha
disciplina (f)	अनुशासन (m)	anushāsan
infrazione (f)	उल्लंघन (m)	ullanghan
violare (~ le regole)	उल्लंघन करना	ullanghan karana
sciopero (m)	हड़ताल (f)	haratāl

scioperante (m)	हड़तालकारी (m)	haratālakārī
fare sciopero	हड़ताल करना	haratāl karana
sindacato (m)	ट्रेड-यूनियन (m)	tred-yūniyan
inventare (vt)	आविष्कार करना	āvishkār karana
invenzione (f)	आविष्कार (m)	āvishkār
ricerca (f)	अनुसंधान (f)	anusandhān
migliorare (vt)	सुधारना	sudhārana
tecnologia (f)	प्रौद्योगिकी (f)	praudyogikī
disegno (m) tecnico	तकनीकी चित्रकारी (f)	takanīkī chitrakārī
carico (m)	भार (m)	bhār
caricatore (m)	कुली (m)	kulī
caricare (~ un camion)	लादना	lādana
caricamento (m)	लादना (m)	lādana
scaricare (vt)	सामान उतारना	sāmān utārana
scarico (m)	उतारना	utārana
trasporto (m)	परिवहन (m)	parivahan
società (f) di trasporti	परिवहन कम्पनी (f)	parivahan kampanī
trasportare (vt)	अपवाहन करना	apavāhan karana
vagone (m) merci	माल गाड़ी (f)	māl gāṛī
cisterna (f)	टैंकर (m)	tainkar
camion (m)	ट्रक (m)	trak
macchina (f) utensile	मशीनी उपकरण (m)	mashīnī upakaran
meccanismo (m)	यंत्र (m)	yantr
rifiuti (m pl) industriali	औद्योगिक अवशेष (m)	audyogik avashesh
imballaggio (m)	पैकिंग (f)	paiking
imballare (vt)	पैक करना	paik karana

73. Contratto. Accordo

contratto (m)	ठेका (m)	theka
accordo (m)	समझौता (f)	samajhauta
allegato (m)	परिशिष्ट (f)	parishisht
firmare un contratto	अनुबंध पर हस्ताक्षर करना	anubandh par hastākshar karana
firma (f)	हस्ताक्षर (m)	hastākshar
firmare (vt)	हस्ताक्षर करना	hastākshar karana
timbro (m) (su documenti)	सील (m)	sīl
oggetto (m) del contratto	अनुबंध की विषय-वस्तु (f)	anubandh kī vishay-vastu
clausola (f)	धारा (f)	dhāra
parti (f pl) (in un contratto)	पार्टी (f)	pārtī
sede (f) legale	कानूनी पता (m)	kānūnī pata
sciogliere un contratto	अनुबंध का उल्लंघन करना	anubandh ka ullanghan karana
obbligo (m)	प्रतिबद्धता (f)	pratibaddhta
responsabilità (f)	ज़िम्मेदारी (f)	zimmedārī

forza (f) maggiore	अप्रत्याशित घटना (f)	apratyāshit ghatana
discussione (f)	विवाद (m)	vivād
sanzioni (f pl)	जुर्माना (m)	jurmāna

74. Import-export

importazione (f)	आयात (m)	āyāt
importatore (m)	आयातकर्ता (m)	āyātakarta
importare (vt)	आयात करना	āyāt karana
d'importazione (agg)	आयातित	āyātit
esportatore (m)	निर्यातकर्ता (m)	niryātakarta
esportare (vt)	निर्यात करना	niryāt karana
merce (f)	माल (m)	māl
carico (m)	प्रेषित माल (m)	preshit māl
peso (m)	वज़न (m)	vazan
volume (m)	आयतन (m)	āyatan
metro (m) cubo	घन मीटर (m)	ghan mītar
produttore (m)	उत्पादक (m)	utpādak
società (f) di trasporti	वाहन कम्पनी (f)	vāhan kampanī
container (m)	डिब्बा (m)	dibba
frontiera (f)	सीमा (f)	sīma
dogana (f)	सीमाशुल्क कार्यालय (f)	sīmāshulk kāryālay
dazio (m) doganale	सीमाशुल्क (m)	sīmāshulk
doganiere (m)	सीमाशुल्क अधिकारी (m)	sīmāshulk adhikārī
contrabbando (m)	तस्करी (f)	taskarī
merci (f pl) contrabbandate	तस्करी का माल (m)	taskarī ka māl

75. Mezzi finanziari

azione (f)	शेयर (f)	sheyar
obbligazione (f)	बॉंड (m)	bānd
cambiale (f)	विनिमय पत्र (m)	vinimay patr
borsa (f)	स्टॉक मार्केट (m)	stok mārket
quotazione (f)	शेयर का मूल्य (m)	sheyar ka mūly
diminuire di prezzo	मूल्य कम होना	mūly kam hona
aumentare di prezzo	मूल्य बढ़ जाना	mūly barh jāna
pacchetto (m) di maggioranza	नियंत्रण हित (f)	niyantran hit
investimento (m)	निवेश (f)	nivesh
investire (vt)	निवेश करना	nivesh karana
percento (m)	प्रतिशत (f)	pratishat
interessi (m pl) (su investimenti)	ब्याज (m pl)	byāj
profitto (m)	नफ़ा (m)	nafa
redditizio (agg)	लाभदायक	lābhadāyak

imposta (f)	कर (f)	kar
valuta (f) (~ estera)	मुद्रा (m)	mudra
nazionale (agg)	राष्ट्रीय	rāshtrīy
cambio (m) (~ valuta)	विनिमय (m)	vinimay

contabile (m)	लेखापाल (m)	lekhāpāl
ufficio (m) contabilità	लेखा विभाग (m)	lekha vibhāg

bancarotta (f)	दिवाला (m)	divāla
fallimento (m)	वित्तीय पत्तन (m)	vittīy pattan
rovina (f)	बरबादी (m)	barabādī
andare in rovina	आर्थिक रूप से बरबादी	ārthik rūp se barabādī
inflazione (f)	मुद्रास्फीति (f)	mudrāsfīti
svalutazione (f)	अवमूल्यन (m)	avamūlyan

capitale (m)	पूँजी (f)	pūnjī
reddito (m)	आय (f)	āy
giro (m) di affari	कुल बिक्री (f)	kul bikrī
risorse (f pl)	वित्तीय संसाधन (m)	vittīy sansādhan
mezzi (m pl) finanziari	मुद्रागत संसाधन (m)	mudrāgat sansādhan
ridurre (~ le spese)	कम करना	kam karana

76. Marketing

marketing (m)	विपणन (m)	vipanan
mercato (m)	मंडी (f)	mandī
segmento (m) di mercato	बाज़ार क्षेत्र (m)	bāzār kshetr
prodotto (m)	उत्पाद (m)	utpād
merce (f)	माल (m)	māl

marchio (m) di fabbrica	ट्रेड मार्क (m)	tred mārk
logotipo (m)	लोगोटाइप (m)	logotaip
logo (m)	लोगो (m)	logo

domanda (f)	मांग (f)	māng
offerta (f)	आपूर्ति (f)	āpūrti
bisogno (m)	ज़रूरत (f)	zarūrat
consumatore (m)	उपभोक्ता (m)	upabhokta

analisi (f)	विश्लेषण (m)	vishleshan
analizzare (vt)	विश्लेषण करना	vishleshan karana
posizionamento (m)	स्थिति-निर्धारण (f)	sthiti-nirdhāran
posizionare (vt)	स्थिति-निर्धारण करना	sthiti-nirdhāran karana

prezzo (m)	दाम (m)	dām
politica (f) dei prezzi	मूल्य निर्धारण नीति (f)	mūly nirdhāran nīti
determinazione (f) dei prezzi	मूल्य स्थापना (f)	mūly sthāpana

77. Pubblicità

pubblicità (f)	विज्ञापन (m)	vigyāpan
pubblicizzare (vt)	विज्ञापन देना	vigyāpan dena

Italiano	Hindi	Traslitterazione
bilancio (m) (budget)	बजट (m)	bajat
annuncio (m)	विज्ञापन (m)	vigyāpan
pubblicità (f) televisiva	टीवी विज्ञापन (m)	tīvī vigyāpan
pubblicità (f) radiofonica	रेडियो विज्ञापन (m)	rediyo vigyāpan
pubblicità (f) esterna	बिलबोर्ड विज्ञापन (m)	bilabord vigyāpan
mass media (m pl)	जनसंपर्क माध्यम (m)	janasampark mādhyam
periodico (m)	पत्रिका (f)	patrika
immagine (f)	सार्वजनिक छवि (f)	sārvajanik chhavi
slogan (m)	नारा (m)	nāra
motto (m)	नारा (m)	nāra
campagna (f)	अभियान (m)	abhiyān
campagna (f) pubblicitaria	विज्ञापन प्रचार (m)	vigyāpan prachār
gruppo (m) di riferimento	श्रोतागण (f)	shrotāgan
biglietto (m) da visita	बिज़नेस कार्ड (m)	bizanes kārd
volantino (m)	पर्चा (f)	parcha
opuscolo (m)	ब्रोशर (m)	broshar
pieghevole (m)	पर्चा (f)	parcha
bollettino (m)	सूचनापत्र (m)	sūchanāpatr
insegna (f) (di negozi, ecc.)	नेमप्लेट (m)	nemaplet
cartellone (m)	पोस्टर (m)	postar
tabellone (m) pubblicitario	इश्तहार (m)	ishtahār

78. Attività bancaria

Italiano	Hindi	Traslitterazione
banca (f)	बैंक (m)	baink
filiale (f)	शाखा (f)	shākha
consulente (m)	क्लर्क (m)	klark
direttore (m)	मैनेजर (m)	mainejar
conto (m) bancario	बैंक खाता (m)	baink khāta
numero (m) del conto	खाते का नम्बर (m)	khāte ka nambar
conto (m) corrente	चालू खाता (m)	chālū khāta
conto (m) di risparmio	बचत खाता (m)	bachat khāta
aprire un conto	खाता खोलना	khāta kholana
chiudere il conto	खाता बंद करना	khāta band karana
versare sul conto	खाते में जमा करना	khāte men jama karana
prelevare dal conto	खाते से पैसा निकालना	khāte se paisa nikālana
deposito (m)	जमा (m)	jama
depositare (vt)	जमा करना	jama karana
trasferimento (m) telegrafico	तार स्थानांतरण (m)	tār sthānāntaran
rimettere i soldi	पैसे स्थानांतरित करना	paise sthānāntarit karana
somma (f)	रक़म (m)	raqam
Quanto?	कितना?	kitana?
firma (f)	हस्ताक्षर (f)	hastākshar
firmare (vt)	हस्ताक्षर करना	hastākshar karana

carta (f) di credito	क्रेडिट कार्ड (m)	kredit kārd
codice (m)	पिन कोड (m)	pin kod
numero (m) della carta di credito	क्रेडिट कार्ड संख्या (f)	kredit kārd sankhya
bancomat (m)	एटीएम (m)	etīem
assegno (m)	चेक (m)	chek
emettere un assegno	चेक लिखना	chek likhana
libretto (m) di assegni	चेकबुक (f)	chekabuk
prestito (m)	उधार (m)	uthār
fare domanda per un prestito	उधार के लिए आवेदन करना	udhār ke lie āvedan karana
ottenere un prestito	उधार लेना	uthār lena
concedere un prestito	उधार देना	uthār dena
garanzia (f)	गारन्टी (f)	gārantī

79. Telefono. Conversazione telefonica

telefono (m)	फ़ोन (m)	fon
telefonino (m)	मोबाइल फ़ोन (m)	mobail fon
segreteria (f) telefonica	जवाबी मशीन (f)	javābī mashīn
telefonare (vi, vt)	फ़ोन करना	fon karana
chiamata (f)	कॉल (m)	kol
comporre un numero	नम्बर लगाना	nambar lagāna
Pronto!	हेलो!	helo!
chiedere (domandare)	पूछना	pūchhana
rispondere (vi, vt)	जवाब देना	javāb dena
udire (vt)	सुनना	sunana
bene	ठीक	thīk
male	ठीक नहीं	thīk nahin
disturbi (m pl)	आवाज़ें (f)	āvāzen
cornetta (f)	रिसीवर (m)	risīvar
alzare la cornetta	फ़ोन उठाना	fon uthāna
riattaccare la cornetta	फ़ोन रखना	fon rakhana
occupato (agg)	बिज़ी	bizī
squillare (del telefono)	फ़ोन बजना	fon bajana
elenco (m) telefonico	टेलीफ़ोन बुक (m)	telīfon buk
locale (agg)	लोकल	lokal
interurbano (agg)	लंबी दूरी की कॉल	lambī dūrī kī kol
internazionale (agg)	अंतर्राष्ट्रीय	antarrāshtrīy

80. Telefono cellulare

telefonino (m)	मोबाइल फ़ोन (m)	mobail fon
schermo (m)	डिस्प्ले (m)	disple
tasto (m)	बटन (m)	batan
scheda SIM (f)	सिम कार्ड (m)	sim kārd

pila (f)	बैटरी (f)	baitarī
essere scarico	बैटरी डेड हो जाना	baitarī ded ho jāna
caricabatteria (m)	चार्जर (m)	chārjar

menù (m)	मीनू (m)	mīnū
impostazioni (f pl)	सेटिंग्स (f)	setings
melodia (f)	कॉलर ट्यून (m)	kolar tyūn
scegliere (vt)	चुनना	chunana

calcolatrice (f)	कैल्कुलैटर (m)	kailkulaitar
segreteria (f) telefonica	वॉयस मेल (f)	voyas mel
sveglia (f)	अलार्म घड़ी (f)	alārm gharī
contatti (m pl)	संपर्क (m)	sampark

| messaggio (m) SMS | एसएमएस (m) | esemes |
| abbonato (m) | सदस्य (m) | sadasy |

81. Articoli di cancelleria

| penna (f) a sfera | बॉल पेन (m) | bol pen |
| penna (f) stilografica | फाउन्टेन पेन (m) | faunten pen |

matita (f)	पेंसिल (f)	pensil
evidenziatore (m)	हाइलाइटर (m)	hailaitar
pennarello (m)	फ़ेल्ट टिप पेन (m)	felt tip pen

| taccuino (m) | नोटबुक (m) | notabuk |
| agenda (f) | डायरी (f) | dāyarī |

righello (m)	स्केल (m)	skel
calcolatrice (f)	कैल्कुलेटर (m)	kailkuletar
gomma (f) per cancellare	रबड़ (f)	rabar
puntina (f)	थंबटैक (m)	thanrbataik
graffetta (f)	पेपर क्लिप (m)	pepar klip

colla (f)	गोंद (f)	gond
pinzatrice (f)	स्टेप्लर (m)	steplar
perforatrice (f)	होल पंचर (m)	hol panchar
temperamatite (m)	शार्पनर (m)	shārpanar

82. Generi di attività commerciali

servizi (m pl) di contabilità	लेखा सेवा (f)	lekha seva
pubblicità (f)	विज्ञापन (m)	vigyāpan
agenzia (f) pubblicitaria	विज्ञापन एजन्सी (f)	vigyāpan ejansī
condizionatori (m pl) d'aria	वातानुकूलक सेवा (f)	vātānukūlak seva
compagnia (f) aerea	हवाई कम्पनी (f)	havaī kampanī
bevande (f pl) alcoliche	मद्य पदार्थ (m)	mady padārth
antiquariato (m)	पुरानी चीज़ें (f)	purānī chīzen
galleria (f) d'arte	चित्रशाला (f)	chitrashāla
società (f) di revisione contabile	लेखापरीक्षा सेवा (f)	lekhāparīksha seva

Italiano	Hindi	Traslitterazione
imprese (f pl) bancarie	बैंक (m)	baink
bar (m)	बार (m)	bār
salone (m) di bellezza	ब्यूटी पार्लर (m)	byūtī pārlar
libreria (f)	किताबों की दुकान (f)	kitābon kī dukān
birreria (f)	शराब की भठ्ठी (f)	sharāb kī bhaththī
business centre (m)	व्यापार केन्द्र (m)	vyāpār kendr
scuola (f) di commercio	व्यापार विद्यालय (m)	vyāpār vidyālay
casinò (m)	केसिनो (m)	kesino
edilizia (f)	निर्माण (m)	nirmān
consulenza (f)	परामर्श सेवा (f)	parāmarsh seva
odontoiatria (f)	दंतचिकित्सा क्लिनिक (f)	dantachikitsa klinik
design (m)	डिज़ाइन (m)	dizain
farmacia (f)	दवाख़ाना (m)	davākhāna
lavanderia (f) a secco	ड्राइक्लीनिंग (f)	draiklīning
agenzia (f) di collocamento	रोज़गार एजेंसी (f)	rozagār ejensī
servizi (m pl) finanziari	वित्त सेवा (f)	vitt seva
industria (f) alimentare	खाद्य पदार्थ (m)	khādy padārth
agenzia (f) di pompe funebri	शमशान घाट (m)	shamashān ghāt
mobili (m pl)	फ़र्निचर (m)	farnichar
abbigliamento (m)	पोशाक (m)	poshāk
albergo, hotel (m)	होटल (m)	hotal
gelato (m)	आईसक्रीम (f)	āīsakrīm
industria (f)	उद्योग (m)	udyog
assicurazione (f)	बीमा (m)	bīma
internet (f)	इन्टरनेट (m)	intaranet
investimenti (m pl)	निवेश (f)	nivesh
gioielliere (m)	सुनार (m)	sunār
gioielli (m pl)	आभूषण (m)	ābhūshan
lavanderia (f)	धोबीघर (m)	dhobīghar
consulente (m) legale	कानूनी सलाह (f)	kānūnī salāh
industria (f) leggera	हल्का उद्योग (m)	halka udyog
rivista (f)	पत्रिका (f)	patrika
vendite (f pl) per corrispondenza	मेल-ऑर्डर विक्रय (m)	mel-ordar vikray
medicina (f)	औषधि (f)	aushadhi
cinema (m)	सिनेमाघर (m)	sinemāghar
museo (m)	संग्रहालय (m)	sangrahālay
agenzia (f) di stampa	सूचना केन्द्र (m)	sūchana kendr
giornale (m)	अख़बार (m)	akhabār
locale notturno (m)	नाइट क्लब (m)	nait klab
petrolio (m)	पेट्रोलियम (m)	petroliyam
corriere (m) espresso	कुरियर सेवा (f)	kuriyar seva
farmaci (m pl)	औषधि (f)	aushadhi
stampa (f) (~ di libri)	छपाई (m)	chhapaī
casa (f) editrice	प्रकाशन गृह (m)	prakāshan grh
radio (f)	रेडियो (m)	rediyo
beni (m pl) immobili	अचल संपत्ति (f)	achal sampatti

ristorante (m)	रेस्टरॉं (m)	restarān
agenzia (f) di sicurezza	सुरक्षा एजेंसी (f)	suraksha ejensī
sport (m)	क्रीड़ा (f)	krīra
borsa (f)	स्टॉक मार्केट (m)	stok mārket
negozio (m)	दुकान (f)	dukān
supermercato (m)	सुपर बाज़ार (m)	supar bāzār
piscina (f)	तरण-ताल (m)	taran-tāl
sartoria (f)	दर्ज़ी (m)	darzī
televisione (f)	टीवी (m)	tīvī
teatro (m)	रंगमंच (m)	rangamanch
commercio (m)	व्यापार (m)	vyāpār
mezzi (m pl) di trasporto	परिवहन (m)	parivahan
viaggio (m)	पर्यटन (m)	paryatan
veterinario (m)	पशुचिकित्सक (m)	pashuchikitsak
deposito, magazzino (m)	भंडार (m)	bhandār
trattamento (m) dei rifiuti	कूड़ा उठाने की सेवा (f)	kūra uthāne kī seva

Lavoro. Affari. Parte 2

83. Spettacolo. Mostra

Italiano	Hindi	Traslitterazione
fiera (f)	प्रदर्शनी (f)	pradarshanī
fiera (f) campionaria	व्यापारिक प्रदर्शनी (f)	vyāpārik pradarshanī
partecipazione (f)	शिरकत (f)	shirakat
partecipare (vi)	भाग लेना	bhāg lena
partecipante (m)	प्रतिभागी (m)	pratibhāgī
direttore (m)	निदेशक (m)	nideshak
ufficio (m) organizzativo	आयोजकों का कार्यालय (m)	āyojakon ka kāryālay
organizzatore (m)	आयोजक (m)	āyojak
organizzare (vt)	आयोजित करना	āyojit karana
domanda (f) di partecipazione	प्रतिभागी प्रपत्र (m)	pratibhāgī prapatr
riempire (vt)	भरना	bharana
dettagli (m pl)	विवरण (m)	vivaran
informazione (f)	जानकारी (f)	jānakārī
prezzo (m)	दाम (m)	dām
incluso (agg)	सहित	sahit
includere (vt)	शामिल करना	shāmil karana
pagare (vi, vt)	दाम चुकाना	dām chukāna
quota (f) d'iscrizione	पंजीकरण शुल्क (f)	panjīkaran shulk
entrata (f)	प्रवेश (m)	pravesh
padiglione (m)	हॉल (m)	hol
registrare (vt)	पंजीकरण करवाना	panjīkaran karavāna
tesserino (m)	बैज (f)	baij
stand (m)	स्टेंड (m)	stend
prenotare (riservare)	बुक करना	buk karana
vetrina (f)	प्रदर्शन खिड़की (f)	pradarshan khirakī
faretto (m)	स्पॉटलाइट (f)	spotalait
design (m)	डिज़ाइन (m)	dizain
collocare (vt)	रखना	rakhana
distributore (m)	वितरक (m)	vitarak
fornitore (m)	आपूर्तिकर्ता (m)	āpūrtikarta
paese (m)	देश (m)	desh
straniero (agg)	विदेश	videsh
prodotto (m)	उत्पाद (m)	utpād
associazione (f)	संस्था (f)	sanstha
sala (f) conferenze	सम्मेलन भवन (m)	sammelan bhavan
congresso (m)	सम्मेलन (m)	sammelan

concorso (m)	प्रतियोगिता (f)	pratiyogita
visitatore (m)	सहभागी (m)	sahabhāgī
visitare (vt)	भाग लेना	bhāg lena
cliente (m)	ग्राहक (m)	grāhak

84. Scienza. Ricerca. Scienziati

scienza (f)	विज्ञान (m)	vigyān
scientifico (agg)	वैज्ञानिक	vaigyānik
scienziato (m)	वैज्ञानिक (m)	vaigyānik
teoria (f)	सिद्धांत (f)	siddhānt
assioma (m)	सिद्ध प्रमाण (m)	siddh pramān
analisi (f)	विश्लेषण (m)	vishleshan
analizzare (vt)	विश्लेषण करना	vishleshan karana
argomento (m)	तथ्य (m)	tathy
sostanza, materia (f)	पदार्थ (m)	padārth
ipotesi (f)	परिकल्पना (f)	parikalpana
dilemma (m)	दुविधा (m)	duvidha
tesi (f)	शोधनिबंध (m)	shodhanibandh
dogma (m)	हठधर्मिता (f)	hathadharmita
dottrina (f)	सिद्धांत (m)	siddhānt
ricerca (f)	शोध (m)	shodh
fare ricerche	शोध करना	shodh karana
prova (f)	जांच (f)	jānch
laboratorio (m)	प्रयोगशाला (f)	prayogashāla
metodo (m)	वीधि (f)	vīdhi
molecola (f)	अणु (m)	anu
monitoraggio (m)	निगरानी (f)	nigarānī
scoperta (f)	आविष्कार (m)	āvishkār
postulato (m)	स्वसिद्ध (m)	svasiddh
principio (m)	सिद्धांत (m)	siddhānt
previsione (f)	पूर्वानुमान (m)	pūrvānumān
fare previsioni	पूर्वानुमान करना	pūrvānumān karana
sintesi (f)	संश्लेषण (m)	sanshleshan
tendenza (f)	प्रवृत्ति (f)	pravrtti
teorema (m)	प्रमेय (m)	pramey
insegnamento (m)	शिक्षा (f)	shiksha
fatto (m)	तथ्य (m)	tathy
spedizione (f)	अभियान (m)	abhiyān
esperimento (m)	प्रयोग (m)	prayog
accademico (m)	अकदमीशियन (m)	akadamīshiyan
laureato (m)	स्नातक (m)	snātak
dottore (m)	डॉक्टर (m)	doktar
professore (m) associato	सह - प्राध्यापक (m)	sah - prādhyāpak
Master (m)	स्नातकोत्तर (m)	snātakottar
professore (m)	प्रोफ़ेसर (m)	profesar

Professioni e occupazioni

85. Ricerca di un lavoro. Licenziamento

lavoro (m)	नौकरी (f)	naukarī
personale (m)	कर्मचारी (m)	karmachārī
carriera (f)	व्यवसाय (m)	vyavasāy
prospettiva (f)	संभावना (f)	sambhāvana
abilità (f pl)	हुनर (m)	hunar
selezione (f) (~ del personale)	चुनाव (m)	chunāv
agenzia (f) di collocamento	रोज़गार केन्द्र (m)	rozagār kendr
curriculum vitae (f)	रेज्यूम (m)	rijyūm
colloquio (m)	नौकरी के लिए साक्षात्कार (m)	naukarī ke lie sākshātkār
posto (m) vacante	रिक्ति (f)	rikti
salario (m)	वेतन (m)	vetan
stipendio (m) fisso	वेतन (m)	vetan
compenso (m)	भुगतान (m)	bhugatān
carica (f), funzione (f)	पद (m)	pad
mansione (f)	कर्तव्य (m)	kartavy
mansioni (f pl) di lavoro	कार्य-क्षेत्र (m)	kāry-kshetr
occupato (agg)	व्यस्त	vyast
licenziare (vt)	बरख़ास्त करना	barakhāst karana
licenziamento (m)	बरख़ास्तगी (f)	barakhāstagī
disoccupazione (f)	बेरोज़गारी (f)	berozagārī
disoccupato (m)	बेरोज़गार (m)	berozagār
pensionamento (m)	सेवा-निवृत्ति (f)	seva-nivrtti
andare in pensione	सेवा-निवृत्त होना	seva-nivrtt hona

86. Gente d'affari

direttore (m)	निदेशक (m)	nideshak
dirigente (m)	प्रबंधक (m)	prabandhak
capo (m)	मालिक (m)	mālik
superiore (m)	वरिष्ठ अधिकारी (m)	varishth adhikārī
capi (m pl)	वरिष्ठ अधिकारी (m)	varishth adhikārī
presidente (m)	अध्यक्ष (m)	adhyaksh
presidente (m) (impresa)	सभाध्यक्ष (m)	sabhādhyaksh
vice (m)	उपाध्यक्ष (m)	upādhyaksh
assistente (m)	सहायक (m)	sahāyak

segretario (m)	सेक्रटरी (f)	sekratarī
assistente (m) personale	निजी सहायक (m)	nijī sahāyak
uomo (m) d'affari	व्यापारी (m)	vyāpārī
imprenditore (m)	उद्यमी (m)	udyamī
fondatore (m)	संस्थापक (m)	sansthāpak
fondare (vt)	स्थापित करना	sthāpit karana

socio (m)	स्थापक (m)	sthāpak
partner (m)	पार्टनर (m)	pārtanar
azionista (m)	शेयर होलडर (m)	sheyar holadar

milionario (m)	लखपति (m)	lakhapati
miliardario (m)	करोड़पति (m)	karorapati
proprietario (m)	मालिक (m)	mālik
latifondista (m)	ज़मीनदार (m)	zamīnadār

cliente (m) (di professionista)	ग्राहक (m)	grāhak
cliente (m) abituale	खरीदार (m)	kharīdār
compratore (m)	ग्राहक (m)	grāhak
visitatore (m)	आगंतुक (m)	āgantuk

professionista (m)	पेशेवर (m)	peshevar
esperto (m)	विशेषज्ञ (m)	visheshagy
specialista (m)	विशेषज्ञ (m)	visheshagy

banchiere (m)	बैंकर (m)	bainkar
broker (m)	ब्रोकर (m)	brokar

cassiere (m)	कैशियर (m)	kaishiyar
contabile (m)	लेखापाल (m)	lekhāpāl
guardia (f) giurata	पहरेदार (m)	paharedār

investitore (m)	निवेशक (m)	niveshak
debitore (m)	क़र्ज़दार (m)	qarzadār
creditore (m)	लेनदार (m)	lenadār
mutuatario (m)	क़र्ज़दार (m)	karzadār

importatore (m)	आयातकर्ता (m)	āyātakartta
esportatore (m)	निर्यातकर्ता (m)	niryātakartta

produttore (m)	उत्पादक (m)	utpādak
distributore (m)	वितरक (m)	vitarak
intermediario (m)	बिचौलिया (m)	bichauliya

consulente (m)	सलाहकार (m)	salāhakār
rappresentante (m)	बिक्री प्रतिनिधि (m)	bikrī pratinidhi
agente (m)	एजेंट (m)	ejent
assicuratore (m)	बीमा एजन्ट (m)	bīma ejant

87. Professioni amministrative

cuoco (m)	बावरची (m)	bāvarachī
capocuoco (m)	मुख्य बावरची (m)	mukhy bāvarachī
fornaio (m)	बेकर (m)	bekar

barista (m)	बारेटेन्डर (m)	bāretendar
cameriere (m)	बैरा (m)	baira
cameriera (f)	बैरा (f)	baira

avvocato (m)	वकील (m)	vakīl
esperto (m) legale	वकील (m)	vakīl
notaio (m)	नोटरी (m)	notarī

elettricista (m)	बिजलीवाला (m)	bijalīvāla
idraulico (m)	प्लम्बर (m)	plambar
falegname (m)	बढ़ई (m)	barhī

massaggiatore (m)	मालिशिया (m)	mālishiya
massaggiatrice (f)	मालिशिया (m)	mālishiya
medico (m)	चिकित्सक (m)	chikitsak

taxista (m)	टैक्सीवाला (m)	taiksīvāla
autista (m)	ड्राइवर (m)	draivar
fattorino (m)	कूरियर (m)	kūriyar

cameriera (f)	चैम्बरमेड (f)	chaimbaramed
guardia (f) giurata	पहरेदार (m)	paharedār
hostess (f)	एयर होस्टेस (f)	eyar hostes

insegnante (m, f)	शिक्षक (m)	shikshak
bibliotecario (m)	पुस्तकाध्यक्ष (m)	pustakādhyaksh
traduttore (m)	अनुवादक (m)	anuvādak
interprete (m)	दुभाषिया (m)	dubhāshiya
guida (f)	गाइड (m)	gaid

parrucchiere (m)	नाई (m)	naī
postino (m)	डाकिया (m)	dākiya
commesso (m)	विक्रेता (m)	vikreta

giardiniere (m)	माली (m)	mālī
domestico (m)	नौकर (m)	naukar
domestica (f)	नौकरानी (f)	naukarānī
donna (f) delle pulizie	सफ़ाईवाली (f)	safaīvālī

88. Professioni militari e gradi

soldato (m) semplice	सैनिक (m)	sainik
sergente (m)	सार्जेंट (m)	sārjent
tenente (m)	लेफ्टिनेंट (m)	leftinent
capitano (m)	कैप्टन (m)	kaiptan

maggiore (m)	मेजर (m)	mejar
colonnello (m)	कर्नल (m)	karnal
generale (m)	जनरल (m)	janaral
maresciallo (m)	मार्शल (m)	mārshal
ammiraglio (m)	एडमिरल (m)	edamiral

militare (m)	सैनिक (m)	sainik
soldato (m)	सिपाही (m)	sipāhī

ufficiale (m)	अफ़्सर (m)	afsar
comandante (m)	कमांडर (m)	kamāndar
guardia (f) di frontiera	सीमा रक्षक (m)	sīma rakshak
marconista (m)	रेडियो ऑपरेटर (m)	rediyo oparetar
esploratore (m)	गुप्तचर (m)	guptachar
geniere (m)	युद्ध इंजीनियर (m)	yuddh injīniyar
tiratore (m)	तीरंदाज़ (m)	tīrandāz
navigatore (m)	नैवीगेटर (m)	naivīgetar

89. Funzionari. Sacerdoti

re (m)	बादशाह (m)	bādashāh
regina (f)	महारानी (f)	mahārānī

principe (m)	राजकुमार (m)	rājakumār
principessa (f)	राजकुमारी (f)	rājakumārī

zar (m)	राजा (m)	rāja
zarina (f)	रानी (f)	rānī

presidente (m)	राष्ट्रपति (m)	rāshtrapati
ministro (m)	मंत्री (m)	mantrī
primo ministro (m)	प्रधान मंत्री (m)	pradhān mantrī
senatore (m)	सांसद (m)	sānsad

diplomatico (m)	राजनयिक (m)	rājanayik
console (m)	राजनयिक (m)	rājanayik
ambasciatore (m)	राजदूत (m)	rājadūt
consigliere (m)	राजनयिक परामर्शदाता (m)	rājanayik parāmarshadāta

funzionario (m)	अधिकारी (m)	adhikārī
prefetto (m)	अधिकारी (m)	adhikārī
sindaco (m)	मेयर (m)	meyar

giudice (m)	न्यायाधीश (m)	nyāyādhīsh
procuratore (m)	अभियोक्ता (m)	abhiyokta

missionario (m)	पादरी (m)	pādarī
monaco (m)	मठवासी (m)	mathavāsī
abate (m)	मठाधीश (m)	mathādhīsh
rabbino (m)	रब्बी (m)	rabbī

visir (m)	वज़ीर (m)	vazīr
scià (m)	शाह (m)	shāh
sceicco (m)	शेख़ (m)	shekh

90. Professioni agricole

apicoltore (m)	मधुमक्खी-पालक (m)	madhumakkhī-pālak
pastore (m)	चरवाहा (m)	charavāha
agronomo (m)	कृषिविज्ञानी (m)	krshivigyānī
allevatore (m) di bestiame	पशुपालक (m)	pashupālak

Italiano	Hindi	Traslitterazione
veterinario (m)	पशुचिकित्सक (m)	pashuchikitsak
fattore (m)	किसान (m)	kisān
vinificatore (m)	मदिराकारी (m)	madirākārī
zoologo (m)	जीव विज्ञानी (m)	jīv vigyānī
cowboy (m)	चरवाहा (m)	charavāha

91. Professioni artistiche

Italiano	Hindi	Traslitterazione
attore (m)	अभिनेता (m)	abhineta
attrice (f)	अभिनेत्री (f)	abhinetrī
cantante (m)	गायक (m)	gāyak
cantante (f)	गायिका (f)	gāyika
danzatore (m)	नर्तक (m)	nartak
ballerina (f)	नर्तकी (f)	nartakī
artista (m)	अदाकार (m)	adākār
artista (f)	अदाकारा (f)	adākāra
musicista (m)	साज़िन्दा (m)	sāzinda
pianista (m)	पियानो वादक (m)	piyāno vādak
chitarrista (m)	गिटार वादक (m)	gitār vādak
direttore (m) d'orchestra	बैंड कंडक्टर (m)	baind kandaktar
compositore (m)	संगीतकार (m)	sangītakār
impresario (m)	इम्प्रेसारियो (m)	impresāriyo
regista (m)	निर्देशक (m)	nirdeshak
produttore (m)	प्रोड्यूसर (m)	prodyūsar
sceneggiatore (m)	लेखक (m)	lekhak
critico (m)	आलोचक (m)	ālochak
scrittore (m)	लेखक (m)	lekhak
poeta (m)	कवि (m)	kavi
scultore (m)	मूर्तिकार (m)	mūrtikār
pittore (m)	चित्रकार (m)	chitrakār
giocoliere (m)	बाज़ीगर (m)	bāzīgar
pagliaccio (m)	जोकर (m)	jokar
acrobata (m)	कलाबाज़ (m)	kalābāz
prestigiatore (m)	जादूगर (m)	jādūgar

92. Professioni varie

Italiano	Hindi	Traslitterazione
medico (m)	चिकित्सक (m)	chikitsak
infermiera (f)	नर्स (m)	nars
psichiatra (m)	मनोचिकित्सक (m)	manochikitsak
dentista (m)	दंतचिकित्सक (m)	dantachikitsak
chirurgo (m)	शल्य-चिकित्सक (m)	shaly-chikitsak
astronauta (m)	अंतरिक्षयात्री (m)	antarikshayātrī

Italiano	Hindi	Traslitterazione
astronomo (m)	खगोल-विज्ञानी (m)	khagol-vigyānī
pilota (m)	पाइलट (m)	pailat
autista (m)	ड्राइवर (m)	draivar
macchinista (m)	इंजन ड्राइवर (m)	injan draivar
meccanico (m)	मैकेनिक (m)	maikenik
minatore (m)	खनिक (m)	khanik
operaio (m)	मज़दूर (m)	mazadūr
operaio (m) metallurgico	ताला बनानेवाला (m)	tāla banānevāla
falegname (m)	बढ़ई (m)	barhī
tornitore (m)	खरादी (m)	kharādī
operaio (m) edile	मज़ूदर (m)	mazūdar
saldatore (m)	वेल्डर (m)	veldar
professore (m)	प्रोफ़ेसर (m)	profesar
architetto (m)	वास्तुकार (m)	vāstukār
storico (m)	इतिहासकार (m)	itihāsakār
scienziato (m)	वैज्ञानिक (m)	vaigyānik
fisico (m)	भौतिक विज्ञानी (m)	bhautik vigyānī
chimico (m)	रसायनविज्ञानी (m)	rasāyanavigyānī
archeologo (m)	पुरातत्वविद (m)	purātatvavid
geologo (m)	भूविज्ञानी (m)	bhūvigyānī
ricercatore (m)	शोधकर्ता (m)	shodhakarta
baby-sitter (m, f)	दाई (f)	daī
insegnante (m, f)	शिक्षक (m)	shikshak
redattore (m)	संपादक (m)	sampādak
redattore capo (m)	मुख्य संपादक (m)	mūkhy sampādak
corrispondente (m)	पत्रकार (m)	patrakār
dattilografa (f)	टाइपिस्ट (f)	taipist
designer (m)	डिज़ाइनर (m)	dizainar
esperto (m) informatico	कंप्यूटर विशेषज्ञ (m)	kampyūtar visheshagy
programmatore (m)	प्रोग्रामर (m)	progrāmar
ingegnere (m)	इंजीनियर (m)	injīniyar
marittimo (m)	मल्लाह (m)	mallāh
marinaio (m)	मल्लाह (m)	mallāh
soccorritore (m)	बचानेवाला (m)	bachānevāla
pompiere (m)	दमकल कर्मचारी (m)	damakal karmachārī
poliziotto (m)	पुलिसवाला (m)	pulisavāla
guardiano (m)	पहरेदार (m)	paharedār
detective (m)	जासूस (m)	jāsūs
doganiere (m)	सीमाशुल्क अधिकारी (m)	sīmāshulk adhikārī
guardia (f) del corpo	अंगरक्षक (m)	angarakshak
guardia (f) carceraria	जेल का पहरेदार (m)	jel ka paharedār
ispettore (m)	अधीक्षक (m)	adhīkshak
sportivo (m)	खिलाड़ी (m)	khilārī
allenatore (m)	प्रशिक्षक (m)	prashikshak
macellaio (m)	कसाई (m)	kasaī
calzolaio (m)	मोची (m)	mochī

uomo (m) d'affari	व्यापारी (m)	vyāpārī
caricatore (m)	कुली (m)	kulī
stilista (m)	फैशन डिज़ाइनर (m)	faishan dizainar
modella (f)	मॉडल (m)	modal

93. Attività lavorative. Condizione sociale

scolaro (m)	छात्र (m)	chhātr
studente (m)	विद्यार्थी (m)	vidyārthī
filosofo (m)	दर्शनशास्त्री (m)	darshanashāstrī
economista (m)	अर्थशास्त्री (m)	arthashāstrī
inventore (m)	आविष्कारक (m)	āvishkārak
disoccupato (m)	बेरोज़गार (m)	berozagār
pensionato (m)	सेवा-निवृत्त (m)	seva-nivrtt
spia (f)	गुप्तचर (m)	guptachar
detenuto (m)	क़ैदी (m)	qaidī
scioperante (m)	हड़तालकारी (m)	haratālakārī
burocrate (m)	अफ़सरशाह (m)	afasarashāh
viaggiatore (m)	यात्री (m)	yātrī
omosessuale (m)	समलैंगिक (m)	samalaingik
hacker (m)	हैकर (m)	haikar
bandito (m)	डाकू (m)	dākū
sicario (m)	हत्यारा (m)	hatyāra
drogato (m)	नशेबाज़ (m)	nashebāz
trafficante (m) di droga	नशीली दवाओं का विक्रेता (m)	nashīlī davaon ka vikreta
prostituta (f)	वैश्या (f)	vaishya
magnaccia (m)	दलाल (m)	dalāl
stregone (m)	जादूगर (m)	jādūgar
strega (f)	डायन (f)	dāyan
pirata (m)	समुद्री लुटेरा (m)	samudrī lūtera
schiavo (m)	दास (m)	dās
samurai (m)	सामुराई (m)	sāmuraī
selvaggio (m)	जंगली (m)	jangalī

Istruzione

94. Scuola

Italiano	Hindi	Traslitterazione
scuola (f)	पाठशाला (m)	pāthashāla
direttore (m) di scuola	प्रिंसिपल (m)	prinsipal
allievo (m)	छात्र (m)	chhātr
allieva (f)	छात्रा (f)	chhātra
scolaro (m)	छात्र (m)	chhātr
scolara (f)	छात्रा (f)	chhātra
insegnare (qn)	पढ़ाना	parhāna
imparare (una lingua)	पढ़ना	parhana
imparare a memoria	याद करना	yād karana
studiare (vi)	सीखना	sīkhana
frequentare la scuola	स्कूल में पढ़ना	skūl men parhana
andare a scuola	स्कूल जाना	skūl jāna
alfabeto (m)	वर्णमाला (f)	varnamāla
materia (f)	विषय (m)	vishay
classe (f)	कक्षा (f)	kaksha
lezione (f)	पाठ (m)	pāth
ricreazione (f)	अंतराल (m)	antarāl
campanella (f)	स्कूल की घंटी (f)	skūl kī ghantī
banco (m)	बेंच (f)	bench
lavagna (f)	चॉकबोर्ड (m)	chokabord
voto (m)	अंक (m)	ank
voto (m) alto	अच्छे अंक (m)	achchhe ank
voto (m) basso	कम अंक (m)	kam ank
dare un voto	मार्क्स देना	mārks dena
errore (m)	ग़लती (f)	galatī
fare errori	ग़लती करना	galatī karana
correggere (vt)	ठीक करना	thīk karana
bigliettino (m)	कुंजी (f)	kunjī
compiti (m pl)	गृहकार्य (m)	grhakāry
esercizio (m)	अभ्यास (m)	abhyās
essere presente	उपस्थित होना	upasthit hona
essere assente	अनुपस्थित होना	anupasthit hona
punire (vt)	सज़ा देना	saza dena
punizione (f)	सज़ा (f)	saza
comportamento (m)	बरताव (m)	baratāv
pagella (f)	रिपोर्ट कार्ड (f)	riport kārd

matita (f)	पेंसिल (f)	pensil
gomma (f) per cancellare	रबड़ (f)	rabar
gesso (m)	चॉक (m)	chok
astuccio (m) portamatite	पेंसिल का डिब्बा (m)	pensil ka dibba
cartella (f)	बस्ता (m)	basta
penna (f)	कलम (m)	kalam
quaderno (m)	कॉपी (f)	kopī
manuale (m)	पाठ्यपुस्तक (f)	pāthyapustak
compasso (m)	कंपास (m)	kampās
disegnare (tracciare)	तकनीकी चित्रकारी बनाना	takanīkī chitrakārī banāna
disegno (m) tecnico	तकनीकी चित्रकारी (f)	takanīkī chitrakārī
poesia (f)	कविता (f)	kavita
a memoria	रटकर	ratakar
imparare a memoria	याद करना	yād karana
vacanze (f pl) scolastiche	छुट्टियाँ (f pl)	chhuttiyān
essere in vacanza	छुट्टी पर होना	chhuttī par hona
prova (f) scritta	परीक्षा (f)	parīksha
composizione (f)	रचना (f)	rachana
dettato (m)	श्रुतलेख (m)	shrutalekh
esame (m)	परीक्षा (f)	parīksha
sostenere un esame	परीक्षा देना	parīksha dena
esperimento (m)	परीक्षण (m)	parīkshan

95. Istituto superiore. Università

accademia (f)	अकादमी (f)	akādamī
università (f)	विश्वविद्यालय (m)	vishvavidyālay
facoltà (f)	संकाय (f)	sankāy
studente (m)	छात्र (m)	chhātr
studentessa (f)	छात्रा (f)	chhātra
docente (m, f)	अध्यापक (m)	adhyāpak
aula (f)	व्याख्यान कक्ष (m)	vyākhyān kaksh
diplomato (m)	स्नातक (m)	snātak
diploma (m)	डिप्लोमा (m)	diploma
tesi (f)	शोधनिबंध (m)	shodhanibandh
ricerca (f)	अध्ययन (m)	adhyayan
laboratorio (m)	प्रयोगशाला (f)	prayogashāla
lezione (f)	व्याख्यान (f)	vyākhyān
compagno (m) di corso	सहपाठी (m)	sahapāthī
borsa (f) di studio	छात्रवृत्ति (f)	chhātravrtti
titolo (m) accademico	शैक्षणिक डिग्री (f)	shaikshanik digrī

96. Scienze. Discipline

matematica (f)	गणितशास्त्र (m)	ganitashāstr
algebra (f)	बीजगणित (m)	bījaganit
geometria (f)	रेखागणित (m)	rekhāganit
astronomia (f)	खगोलवैज्ञान (m)	khagolavaigyān
biologia (f)	जीवविज्ञान (m)	jīvavigyān
geografia (f)	भूगोल (m)	bhūgol
geologia (f)	भूविज्ञान (m)	bhūvigyān
storia (f)	इतिहास (m)	itihās
medicina (f)	चिकित्सा (m)	chikitsa
pedagogia (f)	शिक्षाविज्ञान (m)	shikshāvigyān
diritto (m)	कानून (m)	kānūn
fisica (f)	भौतिकविज्ञान (m)	bhautikavigyān
chimica (f)	रसायन (m)	rasāyan
filosofia (f)	दर्शनशास्त्र (m)	darshanashāstr
psicologia (f)	मनोविज्ञान (m)	manovigyān

97. Sistema di scrittura. Ortografia

grammatica (f)	व्याकरण (m)	vyākaran
lessico (m)	शब्दावली (f)	shabdāvalī
fonetica (f)	स्वरविज्ञान (m)	svaravigyān
sostantivo (m)	संज्ञा (f)	sangya
aggettivo (m)	विशेषण (m)	visheshan
verbo (m)	क्रिया (m)	kriya
avverbio (m)	क्रिया विशेषण (f)	kriya visheshan
pronome (m)	सर्वनाम (m)	sarvanām
interiezione (f)	विस्मयादिबोधक (m)	vismayādibodhak
preposizione (f)	पूर्वसर्ग (m)	pūrvasarg
radice (f)	मूल शब्द (m)	mūl shabd
desinenza (f)	अन्त्याक्षर (m)	antyākshar
prefisso (m)	उपसर्ग (m)	upasarg
sillaba (f)	अक्षर (m)	akshar
suffisso (m)	प्रत्यय (m)	pratyay
accento (m)	बल चिह्न (m)	bal chihn
apostrofo (m)	वर्णलोप चिह्न (m)	varnalop chihn
punto (m)	पूर्णविराम (m)	pūrnavirām
virgola (f)	उपविराम (m)	upavirām
punto (m) e virgola	अर्धविराम (m)	ardhavirām
due punti	कोलन (m)	kolan
puntini di sospensione	तीन बिन्दु (m)	tīn bindu
punto (m) interrogativo	प्रश्न चिह्न (m)	prashn chihn
punto (m) esclamativo	विस्मयादिबोधक चिह्न (m)	vismayādibodhak chihn

virgolette (f pl)	उद्धरण चिह्न (m)	uddharan chihn
tra virgolette	उद्धरण चिह्न में	uddharan chihn men
parentesi (f pl)	कोष्ठक (m pl)	koshthak
tra parentesi	कोष्ठक में	koshthak men
trattino (m)	हाइफन (m)	haifan
lineetta (f)	डैश (m)	daish
spazio (m) (tra due parole)	रिक्त स्थान (m)	rikt sthān
lettera (f)	अक्षर (m)	akshar
lettera (f) maiuscola	बड़ा अक्षर (m)	bara akshar
vocale (f)	स्वर (m)	svar
consonante (f)	समस्वर (m)	samasvar
proposizione (f)	वाक्य (m)	vāky
soggetto (m)	कर्ता (m)	kartta
predicato (m)	विधेय (m)	vidhey
riga (f)	पंक्ति (f)	pankti
a capo	नई पंक्ति पर	naī pankti par
capoverso (m)	अनुच्छेद (m)	anuchchhed
parola (f)	शब्द (m)	shabd
gruppo (m) di parole	शब्दों का समूह (m)	shabdon ka samūh
espressione (f)	अभिव्यक्ति (f)	abhivyakti
sinonimo (m)	समनार्थक शब्द (m)	samanārthak shabd
antonimo (m)	विपरीतार्थी शब्द (m)	viparītārthī shabd
regola (f)	नियम (m)	niyam
eccezione (f)	अपवाद (m)	apavād
giusto (corretto)	ठीक	thīk
coniugazione (f)	क्रियारूप संयोजन (m)	krīyārūp sanyojan
declinazione (f)	विभक्ति-रूप (m)	vibhakti-rūp
caso (m) nominativo	कारक (m)	kārak
domanda (f)	प्रश्न (m)	prashn
sottolineare (vt)	रेखांकित करना	rekhānkit karana
linea (f) tratteggiata	बिन्दुरेखा (f)	bindurekha

98. Lingue straniere

lingua (f)	भाषा (f)	bhāsha
lingua (f) straniera	विदेशी भाषा (f)	videshī bhāsha
studiare (vt)	पढ़ना	parhana
imparare (una lingua)	सीखना	sīkhana
leggere (vi, vt)	पढ़ना	parhana
parlare (vi, vt)	बोलना	bolana
capire (vt)	समझना	samajhana
scrivere (vi, vt)	लिखना	likhana
rapidamente	तेज़	tez
lentamente	धीरे	dhīre

correntemente	धड़ल्ले से	dharalle se
regole (f pl)	नियम (m pl)	niyam
grammatica (f)	व्याकरण (m)	vyākaran
lessico (m)	शब्दावली (f)	shabdāvalī
fonetica (f)	स्वरविज्ञान (m)	svaravigyān
manuale (m)	पाठ्यपुस्तक (f)	pāthyapustak
dizionario (m)	शब्दकोश (m)	shabdakosh
manuale (m) autodidattico	स्वयंशिक्षक पुस्तक (m)	svayanshikshak pustak
frasario (m)	वार्तालाप-पुस्तिका (f)	vārttālāp-pustika
cassetta (f)	कैसेट (f)	kaiset
videocassetta (f)	वीडियो कैसेट (m)	vīdiyo kaiset
CD (m)	सीडी (m)	sīdī
DVD (m)	डीवीडी (m)	dīvīdī
alfabeto (m)	वर्णमाला (f)	varnamāla
compitare (vt)	हिज्जे करना	hijje karana
pronuncia (f)	उच्चारण (m)	uchchāran
accento (m)	लहज़ा (m)	lahaza
con un accento	लहज़े के साथ	lahaze ke sāth
senza accento	बिना लहज़े	bina lahaze
vocabolo (m)	शब्द (m)	shabd
significato (m)	मतलब (m)	matalab
corso (m) (~ di francese)	पाठ्यक्रम (m)	pāthyakram
iscriversi (vr)	सदस्य बनना	sadasy banana
insegnante (m, f)	शिक्षक (m)	shikshak
traduzione (f) (fare una ~)	तर्जुमा (m)	tarjuma
traduzione (f) (un testo)	अनुवाद (m)	anuvād
traduttore (m)	अनुवादक (m)	anuvādak
interprete (m)	दुभाषिया (m)	dubhāshiya
poliglotta (m)	बहुभाषी (m)	bahubhāshī
memoria (f)	स्मृति (f)	smrti

Ristorante. Intrattenimento. Viaggi

99. Escursione. Viaggio

turismo (m)	पर्यटन (m)	paryatan
turista (m)	पर्यटक (m)	paryatak
viaggio (m) (all'estero)	यात्रा (f)	yātra
avventura (f)	जाँबाज़ी (f)	jānbāzī
viaggio (m) (corto)	यात्रा (f)	yātra
vacanza (f)	छुट्टी (f)	chhuttī
essere in vacanza	छुट्टी पर होना	chhuttī par hona
riposo (m)	आराम (m)	ārām
treno (m)	रेलगाड़ी, ट्रेन (f)	relagārī, tren
in treno	रैलगाड़ी से	railagārī se
aereo (m)	विमान (m)	vimān
in aereo	विमान से	vimān se
in macchina	कार से	kār se
in nave	जहाज़ पर	jahāz par
bagaglio (m)	सामान (m)	sāmān
valigia (f)	सूटकेस (m)	sūtakes
carrello (m)	सामान के लिये गाड़ी (f)	sāmān ke liye gārī
passaporto (m)	पासपोर्ट (m)	pāsaport
visto (m)	वीज़ा (m)	vīza
biglietto (m)	टिकट (m)	tıkat
biglietto (m) aereo	हवाई टिकट (m)	havaī tikat
guida (f)	गाइडबुक (f)	gaidabuk
carta (f) geografica	नक्शा (m)	naksha
località (f)	क्षेत्र (m)	kshetr
luogo (m)	स्थान (m)	sthān
ogetti (m pl) esotici	विचित्र वस्तुएं	vichitr vastuen
esotico (agg)	विचित्र	vichitr
sorprendente (agg)	अजीब	ajīb
gruppo (m)	समूह (m)	samūh
escursione (f)	पर्यटन (f)	paryatan
guida (f) (cicerone)	गाइड (m)	gaid

100. Hotel

albergo (m)	होटल (f)	hotal
motel (m)	मोटल (m)	motal
tre stelle	तीन सितारा	tīn sitāra

cinque stelle	पाँच सितारा	pānch sitāra
alloggiare (vi)	ठहरना	thaharana
camera (f)	कमरा (m)	kamara
camera (f) singola	एक पलंग का कमरा (m)	ek palang ka kamara
camera (f) doppia	दो पलंगों का कमरा (m)	do palangon ka kamara
prenotare una camera	कमरा बुक करना	kamara buk karana
mezza pensione (f)	हाफ़-बोर्ड (m)	hāf-bord
pensione (f) completa	फ़ुल-बोर्ड (m)	ful-bord
con bagno	स्नानघर के साथ	snānaghar ke sāth
con doccia	शॉवर के साथ	shovar ke sāth
televisione (f) satellitare	सैटेलाइट टेलीविज़न (m)	saitelait telīvizan
condizionatore (m)	एयर-कंडिशनर (m)	eyar-kandishanar
asciugamano (m)	तौलिया (f)	tauliya
chiave (f)	चाबी (f)	chābī
amministratore (m)	मैनेजर (m)	mainejar
cameriera (f)	चैमबरमैड (f)	chaimabaramaid
portabagagli (m)	कुली (m)	kulī
portiere (m)	दरबान (m)	darabān
ristorante (m)	रेस्टरॉं (m)	restarān
bar (m)	बार (m)	bār
colazione (f)	नाश्ता (m)	nāshta
cena (f)	रात्रिभोज (m)	rātribhoj
buffet (m)	बुफ़े (m)	bufe
hall (f) (atrio d'ingresso)	लॉबी (f)	lobī
ascensore (m)	लिफ़्ट (f)	lift
NON DISTURBARE	परेशान न करें	pareshān na karen
VIETATO FUMARE!	धुम्रपान निषेध!	dhumrapān nishedh!

ATTREZZATURA TECNICA. MEZZI DI TRASPORTO

Attrezzatura tecnica

101. Computer

computer (m)	कंप्यूटर (m)	kampyūtar
computer (m) portatile	लैपटॉप (m)	laipatop
accendere (vt)	चलाना	chalāna
spegnere (vt)	बंद करना	band karana
tastiera (f)	कीबोर्ड (m)	kībord
tasto (m)	कुंजी (m)	kunjī
mouse (m)	माउस (m)	maus
tappetino (m) del mouse	माउस पैड (m)	maus paid
tasto (m)	बटन (m)	batan
cursore (m)	कर्सर (m)	karsar
monitor (m)	मॉनिटर (m)	monitar
schermo (m)	स्क्रीन (m)	skrīn
disco (m) rigido	हार्ड डिस्क (m)	hārd disk
spazio (m) sul disco rigido	हार्ड डिस्क क्षमता (f)	hārd disk kshamata
memoria (f)	मेमोरी (f)	memorī
memoria (f) operativa	रैंडम ऐक्सेस मेमोरी (f)	raindam aikoos memorī
file (m)	फ़ाइल (f)	fail
cartella (f)	फ़ोल्डर (m)	foldar
aprire (vt)	खोलना	kholana
chiudere (vt)	बंद करना	band karana
salvare (vt)	सहेजना	sahejana
eliminare (vt)	हटाना	hatāna
copiare (vt)	कॉपी करना	kopī karana
ordinare (vt)	व्यवस्थित करना	vyavasthit karana
trasferire (vt)	स्थानांतरित करना	sthānāntarit karana
programma (m)	प्रोग्राम (m)	progrām
software (m)	सोफ्टवेयर (m)	softaveyar
programmatore (m)	प्रोग्रामर (m)	progrāmar
programmare (vt)	प्रोग्राम करना	program karana
hacker (m)	हैकर (m)	haikar
password (f)	पासवर्ड (m)	pāsavard
virus (m)	वाइरस (m)	vairas
trovare (un virus, ecc.)	तलाश करना	talāsh karana
byte (m)	बाइट (m)	bait

megabyte (m)	मेगाबाइट (m)	megābait
dati (m pl)	डाटा (m pl)	dāta
database (m)	डाटाबेस (m)	dātābes
cavo (m)	तार (m)	tār
sconnettere (vt)	अलग करना	alag karana
collegare (vt)	जोड़ना	jorana

102. Internet. Posta elettronica

internet (f)	इन्टरनेट (m)	intaranet
navigatore (m)	ब्राउज़र (m)	brauzar
motore (m) di ricerca	सर्च इंजन (f)	sarch injan
provider (m)	प्रोवाइडर (m)	provaidar
webmaster (m)	वेब मास्टर (m)	veb māstar
sito web (m)	वेब साइट (m)	veb sait
pagina web (f)	वेब पृष्ठ (m)	veb prshth
indirizzo (m)	पता (m)	pata
rubrica (f) indirizzi	संपर्क पुस्तक (f)	sampark pustak
casella (f) di posta	मेलबॉक्स (m)	melaboks
posta (f)	डाक (m)	dāk
messaggio (m)	संदेश (m)	sandesh
mittente (m)	प्रेषक (m)	preshak
inviare (vt)	भेजना	bhejana
invio (m)	भेजना (m)	bhejana
destinatario (m)	प्रासकर्ता (m)	prāptakarta
ricevere (vt)	प्राप्त करना	prāpt karana
corrispondenza (f)	पत्राचार (m)	patrāchār
essere in corrispondenza	पत्राचार करना	patrāchār karana
file (m)	फ़ाइल (f)	fail
scaricare (vt)	डाउनलोड करना	daunalod karana
creare (vt)	बनाना	banāna
eliminare (vt)	हटाना	hatāna
eliminato (agg)	हटा दिया गया	hata diya gaya
connessione (f)	कनेक्शन (m)	kanekshan
velocità (f)	रफ़्तार (f)	rafatār
modem (m)	मोडेम (m)	modem
accesso (m)	पहुंच (m)	pahunch
porta (f)	पोर्ट (m)	port
collegamento (m)	कनेक्शन (m)	kanekshan
collegarsi a ...	जुड़ना	jurana
scegliere (vt)	चुनना	chunana
cercare (vt)	खोजना	khojana

103. Elettricità

Italiano	Hindi	Traslitterazione
elettricità (f)	बिजली (f)	bijalī
elettrico (agg)	बिजली का	bijalī ka
centrale (f) elettrica	बिजलीघर (m)	bijalīghar
energia (f)	ऊर्जा (f)	ūrja
energia (f) elettrica	विद्युत शक्ति (f)	vidyut shakti
lampadina (f)	बल्ब (m)	balb
torcia (f) elettrica	फ्लैशलाइट (f)	flaishalait
lampione (m)	सड़क की बत्ती (f)	sarak kī battī
luce (f)	बिजली (f)	bijalī
accendere (luce)	चलाना	chalāna
spegnere (vt)	बंद करना	band karana
spegnere la luce	बिजली बंद करना	bijalī band karana
fulminarsi (vr)	फ्यूज़ होना	fyūz hona
corto circuito (m)	शार्ट सर्किट (m)	shārt sarkit
rottura (f) (~ di un cavo)	टूटा तार (m)	tūta tār
contatto (m)	सॉकेट (m)	soket
interruttore (m)	स्विच (m)	svich
presa (f) elettrica	सॉकेट (m)	soket
spina (f)	प्लग (m)	plag
prolunga (f)	एक्स्टेंशन कोर्ड (m)	ekstenshan kord
fusibile (m)	फ्यूज़ (m)	fyūz
filo (m)	तार (m)	tār
impianto (m) elettrico	तार (m)	tār
ampere (m)	ऐम्पेयर (m)	aimpeyar
intensità di corrente	विद्युत शक्ति (f)	vidyut shakti
volt (m)	वोल्ट (m)	volt
tensione (f)	वोल्टेज (f)	voltej
apparecchio (m) elettrico	विद्युत यंत्र (m)	vidyut yantr
indicatore (m)	सूचक (m)	sūchak
elettricista (m)	विद्युत कारीगर (m)	vidyut kārīgar
saldare (vt)	धातु जोड़ना	dhātu jorana
saldatoio (m)	सोल्डरिंग आयरन (m)	soldaring āyaran
corrente (f)	विद्युत प्रवाह (f)	vidyut pravāh

104. Utensili

Italiano	Hindi	Traslitterazione
utensile (m)	औज़ार (m)	auzār
utensili (m pl)	औज़ार (m pl)	auzār
impianto (m)	मशीन (f)	mashīn
martello (m)	हथौड़ी (f)	hathaurī
giravite (m)	पेंचकस (m)	penchakas
ascia (f)	कुल्हाड़ी (f)	kulhārī

Italiano	Hindi	Traslitterazione
sega (f)	आरी (f)	ārī
segare (vt)	आरी से काटना	ārī se kātana
pialla (f)	रंदा (m)	randa
piallare (vt)	छीलना	chhīlana
saldatoio (m)	सोल्डरिंग आयरन (m)	soldaring āyaran
saldare (vt)	धातु जोड़ना	dhātu jorana
lima (f)	रेती (f)	retī
tenaglie (f pl)	संडसी (f pl)	sandasī
pinza (f) a punte piatte	प्लायर (m)	plāyar
scalpello (m)	छेनी (f)	chhenī
punta (f) da trapano	ड्रिल बिट (m)	dril bit
trapano (m) elettrico	विद्युतीय बरमा (m)	vidyutīy barama
trapanare (vt)	ड्रिल करना	dril karana
coltello (m)	छुरी (f)	chhurī
lama (f)	धार (f)	dhār
affilato (coltello ~)	कटीला	katīla
smussato (agg)	कुंद	kund
smussarsi (vr)	कुंद करना	kund karana
affilare (vt)	धारदार बनाना	dhāradār banāna
bullone (m)	बोल्ट (m)	bolt
dado (m)	नट (m)	nat
filettatura (f)	चूड़ी (f)	chūrī
vite (f)	पेंच (m)	pench
chiodo (m)	कील (f)	kīl
testa (f) di chiodo	कील का सिरा (m)	kīl ka sira
regolo (m)	स्केल (m)	skel
nastro (m) metrico	इंची टेप (m)	inchī tep
livella (f)	स्पिरिट लेवल (m)	spirit leval
lente (f) d'ingradimento	आवर्धक लेंस (m)	āvardhak lens
strumento (m) di misurazione	मापक यंत्र (m)	māpak yantr
misurare (vt)	मापना	māpana
scala (f) graduata	स्केल (f)	skel
lettura, indicazione (f)	पाठ्यांक (m pl)	pāthyānk
compressore (m)	कंप्रेसर (m)	kampresar
microscopio (m)	माइक्रोस्कोप (m)	maikroskop
pompa (f) (~ dell'acqua)	पंप (m)	pamp
robot (m)	रोबोट (m)	robot
laser (m)	लेज़र (m)	lezar
chiave (f)	रिंच (m)	rinch
nastro (m) adesivo	फ़ीता (m)	fīta
colla (f)	लेई (f)	leī
carta (f) smerigliata	रेगमाल (m)	regamāl
molla (f)	कमानी (f)	kamānī
magnete (m)	मैग्नेट (m)	maignet

Italiano	Hindi	Traslitterazione
guanti (m pl)	दस्ताने (m pl)	dastāne
corda (f)	रस्सी (f)	rassī
cordone (m)	डोरी (f)	dorī
filo (m) (~ del telefono)	तार (m)	tār
cavo (m)	केबल (m)	kebal
mazza (f)	हथौड़ा (m)	hathaura
palanchino (m)	रंभा (m)	rambha
scala (f) a pioli	सीढ़ी (f)	sīrhī
scala (m) a libretto	सीढ़ी (f)	sīrhī
avvitare (stringere)	कसना	kasana
svitare (vt)	घुमाकर खोलना	ghumākar kholana
stringere (vt)	कसना	kasana
incollare (vt)	चिपकाना	chipakāna
tagliare (vt)	काटना	kātana
guasto (m)	ख़राबी (f)	kharābī
riparazione (f)	मरम्मत (f)	marammat
riparare (vt)	मरम्मत करना	marammat karana
regolare (~ uno strumento)	ठीक करना	thīk karana
verificare (ispezionare)	जांचना	jānchana
controllo (m)	जांच (f)	jānch
lettura, indicazione (f)	पाठ्यांक (m)	pāthyānk
sicuro (agg)	मज़बूत	mazabūt
complesso (agg)	जटिल	jatil
arrugginire (vi)	ज़ंग लगना	zang lagana
arrugginito (agg)	ज़ंग लगा हुआ	zang laga hua
ruggine (f)	ज़ंग (m)	zang

Mezzi di trasporto

105. Aeroplano

aereo (m)	विमान (m)	vimān
biglietto (m) aereo	हवाई टिकट (m)	havaī tikat
compagnia (f) aerea	हवाई कम्पनी (f)	havaī kampanī
aeroporto (m)	हवाई अड्डा (m)	havaī adda
supersonico (agg)	पराध्वनिक	parādhvanik
comandante (m)	कसान (m)	kaptān
equipaggio (m)	वैमानिक दल (m)	vaimānik dal
pilota (m)	विमान चालक (m)	vimān chālak
hostess (f)	एयर होस्टस (f)	eyar hostas
navigatore (m)	नैवीगेटर (m)	naivīgetar
ali (f pl)	पंख (m pl)	pankh
coda (f)	पूँछ (f)	pūnchh
cabina (f)	कॉकपिट (m)	kokapit
motore (m)	इंजन (m)	injan
carrello (m) d'atterraggio	हवाई जहाज़ पहिये (m)	havaī jahāz pahiye
turbina (f)	टरबाइन (f)	tarabain
elica (f)	प्रोपेलर (m)	propelar
scatola (f) nera	ब्लैक बॉक्स (m)	blaik boks
barra (f) di comando	कंट्रोल कॉलम (m)	kantrol kolam
combustibile (m)	ईंधन (m)	īndhan
safety card (f)	सुरक्षा-पत्र (m)	suraksha-patr
maschera (f) ad ossigeno	ऑक्सीजन मास्क (m)	oksījan māsk
uniforme (f)	वर्दी (f)	vardī
giubbotto (m) di salvataggio	बचाव पेटी (f)	bachāv petī
paracadute (m)	पैराशूट (m)	pairāshūt
decollo (m)	उड़ान (m)	urān
decollare (vi)	उड़ना	urana
pista (f) di decollo	उड़ान पट्टी (f)	urān pattī
visibilità (f)	दृश्यता (f)	drshyata
volo (m)	उड़ान (m)	urān
altitudine (f)	ऊंचाई (f)	ūnchaī
vuoto (m) d'aria	वायु-पॉकेट (m)	vāyu-poket
posto (m)	सीट (f)	sīt
cuffia (f)	हेडफ़ोन (m)	hedafon
tavolinetto (m) pieghevole	ट्रे टेबल (f)	tre tebal
oblò (m), finestrino (m)	हवाई जहाज़ की खिड़की (f)	havaī jahāz kī khirakī
corridoio (m)	गलियारा (m)	galiyāra

106. Treno

treno (m)	रेलगाड़ी, ट्रेन (f)	relagārī, tren
elettrotreno (m)	लोकल ट्रेन (f)	lokal tren
treno (m) rapido	तेज़ रेलगाड़ी (f)	tez relagārī
locomotiva (f) diesel	डीज़ल रेलगाड़ी (f)	dīzal relagārī
locomotiva (f) a vapore	स्टीम इंजन (f)	stīm injan
carrozza (f)	कोच (f)	koch
vagone (m) ristorante	डाइनर (f)	dainar
rotaie (f pl)	पटरियाँ (f)	patariyān
ferrovia (f)	रेलवे (f)	relave
traversa (f)	पटरियाँ (f)	patariyān
banchina (f) (~ ferroviaria)	प्लेटफ़ॉर्म (m)	pletaform
binario (m) (~ 1, 2)	प्लेटफ़ॉर्म (m)	pletaform
semaforo (m)	सिग्नल (m)	signal
stazione (f)	स्टेशन (m)	steshan
macchinista (m)	इंजन ड्राइवर (m)	injan draivar
portabagagli (m)	कुली (m)	kulī
cuccettista (m, f)	कोच एटेंडेंट (m)	koch etendent
passeggero (m)	मुसाफ़िर (m)	musāfir
controllore (m)	टीटी (m)	tītī
corridoio (m)	गलियारा (m)	galiyāra
freno (m) di emergenza	आपात ब्रेक (m)	āpāt brek
scompartimento (m)	डिब्बा (m)	dibba
cuccetta (f)	बर्थ (f)	barth
cuccetta (f) superiore	ऊपरी बर्थ (f)	ūparī barth
cuccetta (f) inferiore	नीचली बर्थ (f)	nīchalī barth
biancheria (f) da letto	बिस्तर (m)	bistar
biglietto (m)	टिकट (m)	tikat
orario (m)	टाइम टैबुल (m)	taim taibul
tabellone (m) orari	सूचना बोर्ड (m)	sūchana bord
partire (vi)	चले जाना	chale jāna
partenza (f)	रवानगी (f)	ravānagī
arrivare (di un treno)	पहुंचना	pahunchana
arrivo (m)	आगमन (m)	āgaman
arrivare con il treno	गाड़ी से पहुंचना	gārī se pahunchana
salire sul treno	गाड़ी पकड़ना	gādī pakarana
scendere dal treno	गाड़ी से उतरना	gārī se utarana
deragliamento (m)	दुर्घटनाग्रस्त (f)	durghatanāgrast
locomotiva (f) a vapore	स्टीम इंजन (m)	stīm injan
fuochista (m)	अग्निशामक (m)	agnishāmak
forno (m)	भट्ठी (f)	bhatthī
carbone (m)	कोयला (m)	koyala

107. Nave

Italiano	Hindi	Traslitterazione
nave (f)	जहाज़ (m)	jahāz
imbarcazione (f)	जहाज़ (m)	jahāz
piroscafo (m)	जहाज़ (m)	jahāz
barca (f) fluviale	मोटर बोट (m)	motar bot
transatlantico (m)	लाइनर (m)	lainar
incrociatore (m)	क्रूज़र (m)	krūzar
yacht (m)	याष्ट (m)	yākht
rimorchiatore (m)	कर्षक पोत (m)	karshak pot
chiatta (f)	बार्ज (f)	bārj
traghetto (m)	फेरी बोट (f)	ferī bot
veliero (m)	पाल नाव (f)	pāl nāv
brigantino (m)	बादबानी (f)	bādabānī
rompighiaccio (m)	हिमभंजक पोत (m)	himabhanjak pot
sottomarino (m)	पनडुब्बी (f)	panadubbī
barca (f)	नाव (m)	nāv
scialuppa (f)	किश्ती (f)	kishtī
scialuppa (f) di salvataggio	जीवन रक्षा किश्ती (f)	jīvan raksha kishtī
motoscafo (m)	मोटर बोट (m)	motar bot
capitano (m)	कसान (m)	kaptān
marittimo (m)	मल्लाह (m)	mallāh
marinaio (m)	मल्लाह (m)	mallāh
equipaggio (m)	वैमानिक दल (m)	vaimānik dal
nostromo (m)	बोसुन (m)	bosun
mozzo (m) di nave	बोसुन (m)	bosun
cuoco (m)	रसोईया (m)	rasoiya
medico (m) di bordo	पोत डाक्टर (m)	pot dāktar
ponte (m)	डेक (m)	dek
albero (m)	मस्तूल (m)	mastūl
vela (f)	पाल (m)	pāl
stiva (f)	कागी (m)	kārgo
prua (f)	जहाज़ का अगड़ा हिस्सा (m)	jahāz ka agara hissa
poppa (f)	जहाज़ का पिछला हिस्सा (m)	jahāz ka pichhala hissa
remo (m)	चप्पू (m)	chappū
elica (f)	जहाज़ की पंखी चलाने का पेंच (m)	jahāz kī pankhī chalāne ka pench
cabina (f)	कैबिन (m)	kaibin
quadrato (m) degli ufficiali	मेस (f)	mes
sala (f) macchine	मशीन-कमरा (m)	mashīn-kamara
ponte (m) di comando	ब्रिज (m)	brij
cabina (f) radiotelegrafica	रेडियो केबिन (m)	rediyo kebin
onda (f)	रेडियो तरंग (f)	rediyo tarang
giornale (m) di bordo	जहाज़ी रजिस्टर (m)	jahāzī rajistar
cannocchiale (m)	टेलिस्कोप (m)	teliskop

T&P Books. Vocabolario Italiano-Hindi per studio autodidattico - 5000 parole

| campana (f) | घंटा (m) | ghanta |
| bandiera (f) | झंडा (m) | jhanda |

| cavo (m) (~ d'ormeggio) | रस्सा (m) | rassa |
| nodo (m) | जहाज़ी गांठ (f) | jahāzī gānth |

| ringhiera (f) | रेलिंग (f) | reling |
| passerella (f) | सीढ़ी (f) | sīrhī |

ancora (f)	लंगर (m)	langar
levare l'ancora	लंगर उठाना	langar uthāna
gettare l'ancora	लंगर डालना	langar dālana
catena (f) dell'ancora	लंगर की ज़जीर (f)	langar kī zajīr

porto (m)	बंदरगाह (m)	bandaragāh
banchina (f)	घाट (m)	ghāt
ormeggiarsi (vr)	किनारे लगना	kināre lagana
salpare (vi)	रवाना होना	ravāna hona

viaggio (m)	यात्रा (f)	yātra
crociera (f)	जलयात्रा (f)	jalayātra
rotta (f)	दिशा (f)	disha
itinerario (m)	मार्ग (m)	mārg

tratto (m) navigabile	नाव्य जलपथ (m)	nāvy jalapath
secca (f)	छिछला पानी (m)	chhichhala pānī
arenarsi (vr)	छिछले पानी में धंसना	chhichhale pānī men dhansana

tempesta (f)	तूफ़ान (m)	tufān
segnale (m)	सिग्नल (m)	signal
affondare (andare a fondo)	डूबना	dūbana
SOS	एसओएस	esoes
salvagente (m) anulare	लाइफ़ ब्वाय (m)	laif bvāy

108. Aeroporto

aeroporto (m)	हवाई अड्डा (m)	havaī adda
aereo (m)	विमान (m)	vimān
compagnia (f) aerea	हवाई कम्पनी (f)	havaī kampanī
controllore (m) di volo	हवाई यातायात नियंत्रक (m)	havaī yātāyāt niyantrak

partenza (f)	प्रस्थान (m)	prasthān
arrivo (m)	आगमन (m)	āgaman
arrivare (vi)	पहुंचना	pahunchana

| ora (f) di partenza | उड़ान का समय (m) | urān ka samay |
| ora (f) di arrivo | आगमन का समय (m) | āgaman ka samay |

| essere ritardato | देर से आना | der se āna |
| volo (m) ritardato | उड़ान देरी (f) | urān derī |

| tabellone (m) orari | सूचना बोर्ड (m) | sūchana bord |
| informazione (f) | सूचना (f) | sūchana |

annunciare (vt)	घोषणा करना	ghoshana karana
volo (m)	फ्लाइट (f)	flait
dogana (f)	सीमाशुल्क कार्यालय (m)	sīmāshulk kāryālay
doganiere (m)	सीमाशुल्क अधिकारी (m)	sīmāshulk adhikārī
dichiarazione (f)	सीमाशुल्क घोषणा (f)	sīmāshulk ghoshana
riempire una dichiarazione	सीमाशुल्क घोषणा भरना	sīmāshulk ghoshana bharana
controllo (m) passaporti	पास्पोर्ट जांच (f)	pāsport jānch
bagaglio (m)	सामान (m)	sāmān
bagaglio (m) a mano	दस्ती सामान (m)	dastī sāmān
carrello (m)	सामान के लिये गाड़ी (f)	sāmān ke liye gārī
atterraggio (m)	विमानारोहण (m)	vimānārohan
pista (f) di atterraggio	विमानारोहण मार्ग (m)	vimānārohan mārg
atterrare (vi)	उतरना	utarana
scaletta (f) dell'aereo	सीढ़ी (f)	sīrhī
check-in (m)	चेक-इन (m)	chek-in
banco (m) del check-in	चेक-इन डेस्क (m)	chek-in desk
fare il check-in	चेक-इन करना	chek-in karana
carta (f) d'imbarco	बोर्डिंग पास (m)	bording pās
porta (f) d'imbarco	प्रस्थान गेट (m)	prasthān get
transito (m)	पारवहन (m)	pāravahan
aspettare (vt)	इंतज़ार करना	intazār karana
sala (f) d'attesa	प्रतीक्षालय (m)	pratīkshālay
accompagnare (vt)	विदा करना	vida karana
congedarsi (vr)	विदा कहना	vida kahana

Situazioni quotidiane

109. Vacanze. Evento

festa (f)	त्योहार (m)	tyohār
festa (f) nazionale	राष्ट्रीय त्योहार (m)	rāshtrīy tyohār
festività (f) civile	त्योहार का दिन (m)	tyohār ka din
festeggiare (vt)	पुण्यस्मरण करना	punyasmaran karana
avvenimento (m)	घटना (f)	ghatana
evento (m) (organizzare un ~)	आयोजन (m)	āyojan
banchetto (m)	राजभोज (m)	rājabhoj
ricevimento (m)	दावत (f)	dāvat
festino (m)	दावत (f)	dāvat
anniversario (m)	वर्षगांठ (m)	varshagānth
giubileo (m)	वर्षगांठ (m)	varshagānth
festeggiare (vt)	मनाना	manāna
Capodanno (m)	नव वर्ष (m)	nav varsh
Buon Anno!	नव वर्ष की शुभकामना!	nav varsh kī shubhakāmana!
Babbo Natale (m)	सांता क्लॉज़ (m)	sānta kloz
Natale (m)	बड़ा दिन (m)	bara din
Buon Natale!	क्रिसमस की शुभकामनाएं!	krisamas kī shubhakāmanaen!
Albero (m) di Natale	क्रिसमरा ट्री (m)	krismas trī
fuochi (m pl) artificiali	अग्नि क्रीड़ा (f)	agni krīra
nozze (f pl)	शादी (f)	shādī
sposo (m)	दुल्हा (m)	dulha
sposa (f)	दुल्हन (f)	dulhan
invitare (vt)	आमंत्रित करना	āmantrit karana
invito (m)	निमंत्रण पत्र (m)	nimantran patr
ospite (m)	मेहमान (m)	mehamān
andare a trovare	मिलने जाना	milane jāna
accogliere gli invitati	मेहमानों से मिलना	mehamānon se milana
regalo (m)	उपहार (m)	upahār
offrire (~ un regalo)	उपहार देना	upahār dena
ricevere i regali	उपहार मिलना	upahār milana
mazzo (m) di fiori	गुलदस्ता (m)	guladasta
auguri (m pl)	बधाई (f)	badhaī
augurare (vt)	बधाई देना	badhaī dena
cartolina (f)	बधाई पोस्टकार्ड (m)	badhaī postakārd
mandare una cartolina	पोस्टकार्ड भेजना	postakārd bhejana

ricevere una cartolina	पोस्टकार्ड पाना	postakārd pāna
brindisi (m)	टोस्ट (m)	tost
offrire (~ qualcosa da bere)	ऑफ़र करना	ofar karana
champagne (m)	शैम्पेन (f)	shaimpen
divertirsi (vr)	मज़े करना	maze karana
allegria (f)	आमोद (m)	āmod
gioia (f)	खुशी (f)	khushī
danza (f), ballo (m)	नाच (m)	nāch
ballare (vi, vt)	नाचना	nāchana
valzer (m)	वॉल्ट्ज़ (m)	voltz
tango (m)	टैंगो (m)	taingo

110. Funerali. Sepoltura

cimitero (m)	कब्रिस्तान (m)	kabristān
tomba (f)	कब्र (m)	kabr
croce (f)	क्रॉस (m)	kros
pietra (f) tombale	सामाधि शिला (f)	sāmādhi shila
recinto (m)	बाड़ (f)	bār
cappella (f)	चैपल (m)	chaipal
morte (f)	मृत्यु (f)	mrtyu
morire (vi)	मरना	marana
defunto (m)	मृतक (m)	mrtak
lutto (m)	शोक (m)	shok
seppellire (vt)	दफनाना	dafanāna
sede (f) di pompe funebri	दफ़नालय (m)	dafanālay
funerale (m)	अंतिम संस्कार (m)	antim sanskār
corona (f) di fiori	फूलमाला (f)	fūlamāla
bara (f)	ताबूत (m)	tābūt
carro (m) funebre	शव मंच (m)	shav manch
lenzuolo (m) funebre	कफन (m)	kafan
urna (f) funeraria	भस्मी कलश (m)	bhasmī kalash
crematorio (m)	दाहगृह (m)	dāhagrh
necrologio (m)	निधन सूचना (f)	nidhan sūchana
piangere (vi)	रोना	rona
singhiozzare (vi)	रोना	rona

111. Guerra. Soldati

plotone (m)	दस्ता (m)	dasta
compagnia (f)	कंपनी (f)	kampanī
reggimento (m)	रेजीमेंट (f)	rejīment
esercito (m)	सेना (f)	sena
divisione (f)	डिवीज़न (m)	divīzan

distaccamento (m)	बल (m)	dal
armata (f)	फ़ौज (m)	fauj

soldato (m)	सिपाही (m)	sipāhī
ufficiale (m)	अफ़सर (m)	afsar

soldato (m) semplice	सैनिक (m)	sainik
sergente (m)	सार्जेंट (m)	sārjent
tenente (m)	लेफ्टिनेंट (m)	leftinent
capitano (m)	कप्तान (m)	kaptān
maggiore (m)	मेजर (m)	mejar
colonnello (m)	कर्नल (m)	karnal
generale (m)	जनरल (m)	janaral

marinaio (m)	मल्लाह (m)	mallāh
capitano (m)	कप्तान (m)	kaptān
nostromo (m)	बोसुन (m)	bosun

artigliere (m)	तोपची (m)	topachī
paracadutista (m)	पैराट्रूपर (m)	pairātrūpar
pilota (m)	पाइलट (m)	pailat
navigatore (m)	नैवीगेटर (m)	naivīgetar
meccanico (m)	मैकेनिक (m)	maikenik

geniere (m)	सैपर (m)	saipar
paracadutista (m)	छतरीबाज़ (m)	chhatarībāz
esploratore (m)	जासूस (m)	jāsūs
cecchino (m)	निशानची (m)	nishānachī

pattuglia (f)	गश्त (m)	gasht
pattugliare (vt)	गश्त लगाना	gasht lagāna
sentinella (f)	प्रहरी (m)	praharī

guerriero (m)	सैनिक (m)	sainik
patriota (m)	देशभक्त (m)	deshabhakt
eroe (m)	हिरो (m)	hiro
eroina (f)	हिरोइन (f)	hiroin

traditore (m)	गद्दार (m)	gaddār
disertore (m)	भगोड़ा (m)	bhagora
disertare (vi)	भाग जाना	bhāg jāna

mercenario (m)	भाड़े का सैनिक (m)	bhāre ka sainik
recluta (f)	रंगरूट (m)	rangarūt
volontario (m)	स्वयंसेवी (m)	svayansevī

ucciso (m)	मृतक (m)	mrtak
ferito (m)	घायल (m)	ghāyal
prigioniero (m) di guerra	युद्ध क़ैदी (m)	yuddh qaidī

112. Guerra. Azioni militari. Parte 1

guerra (f)	युद्ध (m)	yuddh
essere in guerra	युद्ध करना	yuddh karana

Italiano	Hindi	Traslitterazione
guerra (f) civile	गृहयुद्ध (m)	grhayuddh
perfidamente	विश्वासघाती ढंग से	vishvāsaghātī dhang se
dichiarazione (f) di guerra	युद्ध का एलान (m)	yuddh ka elān
dichiarare (~ guerra)	एलान करना	elān karana
aggressione (f)	हमला (m)	hamala
attaccare (vt)	हमला करना	hamala karana
invadere (vt)	हमला करना	hamala karana
invasore (m)	आक्रमणकारी (m)	ākramanakārī
conquistatore (m)	विजेता (m)	vijeta
difesa (f)	हिफ़ाज़त (f)	hifāzat
difendere (~ un paese)	हिफ़ाज़त करना	hifāzat karana
difendersi (vr)	के विरुद्ध हिफ़ाज़त करना	ke virūddh hifāzat karana
nemico (m)	दुश्मन (m)	dushman
avversario (m)	विपक्ष (m)	vipaksh
ostile (agg)	दुश्मनों का	dushmanon ka
strategia (f)	रणनीति (f)	rananīti
tattica (f)	युक्ति (f)	yukti
ordine (m)	हुक्म (m)	hukm
comando (m)	आज्ञा (f)	āgya
ordinare (vt)	हुक्म देना	hukm dena
missione (f)	मिशन (m)	mishan
segreto (agg)	गुप्त	gupt
battaglia (f)	लड़ाई (f)	laraī
combattimento (m)	युद्ध (m)	yuddh
attacco (m)	आक्रमण (m)	ākraman
assalto (m)	धावा (m)	dhāva
assalire (vt)	धावा करना	dhāva karana
assedio (m)	घेरा (m)	ghera
offensiva (f)	आक्रमण (m)	ākraman
passare all'offensiva	आक्रमण करना	ākraman karana
ritirata (f)	अपयान (m)	apayān
ritirarsi (vr)	अपयान करना	apayān karana
accerchiamento (m)	घेराई (f)	gheraī
accerchiare (vt)	घेरना	gherana
bombardamento (m)	बमबारी (f)	bamabārī
lanciare una bomba	बम गिराना	bam girāna
bombardare (vt)	बमबारी करना	bamabārī karana
esplosione (f)	विस्फोट (m)	visfot
sparo (m)	गोली (m)	golī
sparare un colpo	गोली चलाना	golī chalāna
sparatoria (f)	गोलीबारी (f)	golībārī
puntare su ...	निशाना लगाना	nishāna lagāna
puntare (~ una pistola)	निशाना बांधना	nishāna bāndhana

colpire (~ il bersaglio)	गोली मारना	golī mārana
affondare (mandare a fondo)	डुबाना	dubāna
falla (f)	छेद (m)	chhed
affondare (andare a fondo)	डूबना	dūbana

fronte (m) (~ di guerra)	मोरचा (m)	moracha
evacuazione (f)	निकास (m)	nikās
evacuare (vt)	निकास करना	nikās karana

filo (m) spinato	कांटेदार तार (m)	kāntedār tār
sbarramento (m)	बाड़ (m)	bār
torretta (f) di osservazione	बुर्ज (m)	burj

ospedale (m) militare	सैनिक अस्पताल (m)	sainik aspatāl
ferire (vt)	घायल करना	ghāyal karana
ferita (f)	घाव (m)	ghāv
ferito (m)	घायल (m)	ghāyal
rimanere ferito	घायल होना	ghāyal hona
grave (ferita ~)	गम्भीर	gambhīr

113. Guerra. Azioni militari. Parte 2

prigionia (f)	क़ैद (f)	qaid
fare prigioniero	क़ैद करना	qaid karana
essere prigioniero	क़ैद में रखना	qaid men rakhana
essere fatto prigioniero	क़ैद में लेना	qaid men lena

campo (m) di concentramento	कन्सेंट्रेशन कैंप (m)	kansentreshan kaimp
prigioniero (m) di guerra	युद्ध-क़ैदी (m)	yuddh-qaidī
fuggire (vi)	क़ैद से भाग जाना	qaid se bhāg jāna

tradire (vt)	ग़द्दारी करना	gaddārī karana
traditore (m)	ग़द्दार (m)	gaddār
tradimento (m)	ग़द्दारी (f)	gaddārī

| fucilare (vt) | फाँसी देना | fānsī dena |
| fucilazione (f) | प्राणदण्ड (f) | prānadand |

divisa (f) militare	फौजी पोशक (m)	faujī poshak
spallina (f)	कंधे का फीता (m)	kandhe ka fīta
maschera (f) antigas	गैस मास्क (m)	gais māsk

radiotrasmettitore (m)	ट्रांस-रिसिवर (m)	trāns-risivar
codice (m)	गुप्तलेख (m)	guptalekh
complotto (m)	गुप्तता (f)	guptata
parola (f) d'ordine	पासवर्ड (m)	pāsavard

mina (f)	बारूदी सुरंग (f)	bārūdī surang
minare (~ la strada)	सुरंग खोदना	surang khodana
campo (m) minato	सुरंग-क्षेत्र (m)	surang-kshetr

allarme (m) aereo	हवाई हमले की चेतावनी (f)	havaī hamale kī chetāvanī
allarme (m)	चेतावनी (f)	chetāvanī
segnale (m)	सिग्नल (m)	signal

Italiano	हिन्दी	Traslitterazione
razzo (m) di segnalazione	सिग्नल रॉकेट (m)	signal roket
quartier (m) generale	सैनिक मुख्यालय (m)	sainik mukhyālay
esplorazione (m)	जासूसी देख-भाल (m)	jāsūsī dekh-bhāl
situazione (f)	हालत (f)	hālat
rapporto (m)	रिपोर्ट (m)	riport
agguato (m)	घात (f)	ghāt
rinforzo (m)	बलवृद्धि (m)	balavrddhi
bersaglio (m)	निशाना (m)	nishāna
terreno (m) di caccia	प्रशिक्षण क्षेत्र (m)	prashikshan kshetr
manovre (f pl)	युद्धाभ्यास (m pl)	yuddhābhyās
panico (m)	भगदड़ (f)	bhagadar
devastazione (f)	तबाही (f)	tabāhī
distruzione (m)	विनाश (m pl)	vināsh
distruggere (vt)	नष्ट करना	nasht karana
sopravvivere (vi, vt)	जीवित रहना	jīvit rahana
disarmare (vt)	निरस्त्र करना	nirastr karana
maneggiare (una pistola, ecc.)	हथियार चलाना	hathiyār chalāna
Attenti!	सावधान!	sāvadhān!
Riposo!	आराम!	ārām!
atto (m) eroico	साहस का कार्य (m)	sāhas ka kāry
giuramento (m)	शपथ (f)	shapath
giurare (vi)	शपथ लेना	shapath lena
decorazione (f)	पदक (m)	padak
decorare (qn)	इनाम देना	inām dena
medaglia (f)	मेडल (m)	medal
ordine (m) (~ al Merito)	आर्डर (m)	ārdar
vittoria (f)	विजय (m)	vijay
sconfitta (m)	हार (f)	hār
armistizio (m)	युद्धविराम (m)	yuddhavirām
bandiera (f)	झंडा (m)	jhanda
gloria (f)	प्रताप (m)	pratāp
parata (f)	परेड (m)	pared
marciare (in parata)	मार्च करना	mārch karana

114. Armi

Italiano	हिन्दी	Traslitterazione
armi (f pl)	हथियार (m)	hathiyār
arma (f) da fuoco	हथियार (m)	hathiyār
arma (f) bianca	पैने हथियार (m)	paine hathiyār
armi (f pl) chimiche	रसायनिक शस्त्र (m)	rasāyanik shastr
nucleare (agg)	आण्विक	ānvik
armi (f pl) nucleari	आण्विक-शस्त्र (m)	ānvik-shastr
bomba (f)	बम (m)	bam
bomba (f) atomica	परमाणु बम (m)	paramānu bam

Italiano	Hindi	Traslitterazione
pistola (f)	पिस्तौल (m)	pistaul
fucile (m)	बंदूक (m)	bandūk
mitra (m)	टामी गन (f)	tāmī gan
mitragliatrice (f)	मशीन गन (f)	mashīn gan
bocca (f)	नालमुख (m)	nālamukh
canna (f)	नाल (m)	nāl
calibro (m)	नली का व्यास (m)	nalī ka vyās
grilletto (m)	घोड़ा (m)	ghora
mirino (m)	लक्षक (m)	lakshak
caricatore (m)	मैगज़ीन (m)	maigazīn
calcio (m)	कुंदा (m)	kunda
bomba (f) a mano	ग्रेनेड (m)	grened
esplosivo (m)	विस्फोटक (m)	visfotak
pallottola (f)	गोली (f)	golī
cartuccia (f)	कारतूस (m)	kāratūs
carica (f)	गति (f)	gati
munizioni (f pl)	गोला बारूद (m pl)	gola bārūd
bombardiere (m)	बमबार (m)	bamabār
aereo (m) da caccia	लड़ाकू विमान (m)	larākū vimān
elicottero (m)	हेलिकॉप्टर (m)	helikoptar
cannone (m) antiaereo	विमान-विध्वंस तोप (f)	vimān-vidhvans top
carro (m) armato	टैंक (m)	taink
cannone (m)	तोप (m)	top
artiglieria (f)	तोपें (m)	topen
mirare a …	निशाना बांधना	nishāna bāndhana
proiettile (m)	गोला (m)	gola
granata (f) da mortaio	मोर्टार बम (m)	mortār bam
mortaio (m)	मोर्टार (m)	mortār
scheggia (f)	किरच (m)	kirach
sottomarino (m)	पनडुब्बी (f)	panadubbī
siluro (m)	टोरपीडो (m)	torapīdo
missile (m)	रॉकेट (m)	roket
caricare (~ una pistola)	बंदूक भरना	bandūk bharana
sparare (vi)	गोली चलाना	golī chalāna
puntare su …	निशाना लगाना	nishāna lagāna
baionetta (f)	किरिच (m)	kirich
spada (f)	खंजर (m)	khanjar
sciabola (f)	कृपाण (m)	krpān
lancia (f)	भाला (m)	bhāla
arco (m)	धनुष (m)	dhanush
freccia (f)	बाण (m)	bān
moschetto (m)	मसकट (m)	masakat
balestra (f)	क्रॉसबो (m)	krosabo

115. Gli antichi

primitivo (agg)	आदिकालीन	ādikālīn
preistorico (agg)	प्रागैतिहासिक	prāgaitihāsik
antico (agg)	प्राचीन	prāchīn
Età (f) della pietra	पाषाण युग (m)	pāshān yug
Età (f) del bronzo	कांस्य युग (m)	kānsy yug
epoca (f) glaciale	हिम युग (m)	him yug
tribù (f)	जनजाति (f)	janajāti
cannibale (m)	नरभक्षी (m)	narabhakshī
cacciatore (m)	शिकारी (m)	shikārī
cacciare (vt)	शिकार करना	shikār karana
mammut (m)	प्राचीन युग हाथी (m)	prāchīn yug hāthī
caverna (f), grotta (f)	गुफ़ा (f)	gufa
fuoco (m)	अग्नि (m)	agni
falò (m)	अलाव (m)	alāv
pittura (f) rupestre	शिला चित्र (m)	shila chitr
strumento (m) di lavoro	औज़ार (m)	auzār
lancia (f)	भाला (m)	bhāla
ascia (f) di pietra	पत्थर की कुल्हाड़ी (f)	patthar kī kulhārī
essere in guerra	युद्ध पर होना	yuddh par hona
addomesticare (vt)	जानवरों को पालतू बनाना	jānavaron ko pālatū banāna
idolo (m)	मूर्ति (f)	mūrti
idolatrare (vt)	पूजना	pūjana
superstizione (f)	अंधविश्वास (m)	andhavishvās
rito (m)	अनुष्ठान (m)	anushthān
evoluzione (f)	उद्भव (m)	udbhav
sviluppo (m)	विकास (m)	vikās
estinzione (f)	गायब (m)	gāyab
adattarsi (vr)	अनुकूल बनाना	anukūl banāna
archeologia (f)	पुरातत्व (m)	purātatv
archeologo (m)	पुरातत्वविद् (m)	purātatvavid
archeologico (agg)	पुरातात्विक	purātātvik
sito (m) archeologico	खुदाई क्षेत्र (m pl)	khudaī kshetr
scavi (m pl)	उत्खनन (f)	utkhanan
reperto (m)	खोज (f)	khoj
frammento (m)	टुकड़ा (m)	tukara

116. Il Medio Evo

popolo (m)	लोग (m)	log
popoli (m pl)	लोग (m pl)	log
tribù (f)	जनजाति (f)	janajāti
tribù (f pl)	जनजातियाँ (f pl)	janajātiyān
barbari (m pl)	बर्बर (m pl)	barbar

galli (m pl)	गॉल्स (m pl)	gols
goti (m pl)	गोथ्स (m pl)	goths
slavi (m pl)	स्लैव्स (m pl)	slaivs
vichinghi (m pl)	वाइकिंग्स (m pl)	vaikings
romani (m pl)	रोमन (m pl)	roman
romano (agg)	रोमन	roman
bizantini (m pl)	बाइज़ेंटीनी (m pl)	baizentīnī
Bisanzio (m)	बाइज़ेंटीयम (m)	baizentīyam
bizantino (agg)	बाइज़ेंटीन	baizentīn
imperatore (m)	सम्राट् (m)	samrāt
capo (m)	सरदार (m)	saradār
potente (un re ~)	प्रबल	prabal
re (m)	बादशाह (m)	bādashāh
governante (m) (sovrano)	शासक (m)	shāsak
cavaliere (m)	योद्धा (m)	yoddha
feudatario (m)	सामंत (m)	sāmant
feudale (agg)	सामंतिक	sāmantik
vassallo (m)	जागीरदार (m)	jāgīradār
duca (m)	ड्यूक (m)	dyūk
conte (m)	अर्ल (m)	arl
barone (m)	बैरन (m)	bairan
vescovo (m)	बिशप (m)	bishap
armatura (f)	कवच (m)	kavach
scudo (m)	ढाल (m)	dhāl
spada (f)	तलवार (f)	talavār
visiera (f)	मुखावरण (m)	mukhāvaran
cotta (f) di maglia	कवच (m)	kavach
crociata (f)	धर्मयुद्ध (m)	dharmayuddh
crociato (m)	धर्मयोद्धा (m)	dharmayoddha
territorio (m)	प्रदेश (m)	pradesh
attaccare (vt)	हमला करना	hamala karana
conquistare (vt)	जीतना	jītana
occupare (invadere)	कब्ज़ा करना	kabza karana
assedio (m)	घेरा (m)	ghera
assediato (agg)	घेरा हुआ	ghera hua
assediare (vt)	घेरना	gherana
inquisizione (f)	न्यायिक जांच (m)	nyāyik jānch
inquisitore (m)	न्यायिक जांचकर्ता (m)	nyāyik jānchakarta
tortura (f)	घोर शारीरिक यंत्रणा (f)	ghor sharīrik yantrana
crudele (agg)	निर्दयी	nirdayī
eretico (m)	विधर्मी (m)	vidharmī
eresia (f)	विधर्म (m)	vidharm
navigazione (f)	जहाज़रानी (f)	jahāzarānī
pirata (m)	समुद्री लुटेरा (m)	samudrī lūtera
pirateria (f)	समुद्री डकैती (f)	samudrī dakaitī

arrembaggio (m)	बोर्डिंग (m)	bording
bottino (m)	लूट का माल (m)	lūt ka māl
tesori (m)	खज़ाना (m)	khazāna
scoperta (f)	खोज (f)	khoj
scoprire (~ nuove terre)	नई ज़मीन खोजना	naī zamīn khojana
spedizione (f)	अभियान (m)	abhiyān
moschettiere (m)	बंदूक धारी सिपाही (m)	bandūk dhārī sipāhī
cardinale (m)	कार्डिनल (m)	kārdinal
araldica (f)	शौर्यशास्त्र (f)	shauryashāstr
araldico (agg)	हेरल्डिक	heraldik

117. Leader. Capo. Le autorità

re (m)	बादशाह (m)	bādashāh
regina (f)	महारानी (f)	mahārānī
reale (agg)	राजसी	rājasī
regno (m)	राज्य (m)	rājy
principe (m)	राजकुमार (m)	rājakumār
principessa (f)	राजकुमारी (f)	rājakumārī
presidente (m)	राष्ट्रपति (m)	rāshtrapati
vicepresidente (m)	उपराष्ट्रपति (m)	uparāshtrapati
senatore (m)	सांसद (m)	sānsad
monarca (m)	सम्राट (m)	samrāt
governante (m) (sovrano)	शासक (m)	shāsak
dittatore (m)	तानाशाह (m)	tānāshāh
tiranno (m)	तानाशाह (m)	tānāshāh
magnate (m)	रईस (m)	raīs
direttore (m)	निदेशक (m)	nideshak
capo (m)	मुखिया (m)	mukhiya
dirigente (m)	मैनेजर (m)	mainejar
capo (m)	साहब (m)	sāhab
proprietario (m)	मालिक (m)	mālik
capo (m) (~ delegazione)	मुखिया (m)	mukhiya
autorità (f pl)	अधिकारी वर्ग (m pl)	adhikārī varg
superiori (m pl)	अधिकारी (m)	adhikārī
governatore (m)	राज्यपाल (m)	rājyapāl
console (m)	वाणिज्य-दूत (m)	vānijy-dūt
diplomatico (m)	राजनयिक (m)	rājanayik
sindaco (m)	महापालिकाध्यक्ष (m)	mahāpālikādhyaksh
sceriffo (m)	प्रधान हाकिम (m)	pradhān hākim
imperatore (m)	सम्राट (m)	samrāt
zar (m)	राजा (m)	rāja
faraone (m)	फिरौन (m)	firaun
khan (m)	ख़ान (m)	khān

118. Infrangere la legge. Criminali. Parte 1

Italiano	Hindi	Traslitterazione
bandito (m)	डाकू (m)	dākū
delitto (m)	जुर्म (m)	jurm
criminale (m)	अपराधी (m)	aparādhī
ladro (m)	चोर (m)	chor
furto (m), ruberia (f)	चोरी (f)	chorī
rapire (vt)	अपहरण करना	apaharan karana
rapimento (m)	अपहरण (m)	apaharan
rapitore (m)	अपहरणकर्ता (m)	apaharanakartta
riscatto (m)	फ़िरौती (f)	firautī
chiedere il riscatto	फ़िरौती मांगना	firautī māngana
rapinare (vt)	लूटना	lūtana
rapinatore (m)	लुटेरा (m)	lutera
estorcere (vt)	ऐंठना	ainthana
estorsore (m)	वसूलिकर्ता (m)	vasūlikarta
estorsione (f)	जबरन वसूली (m)	jabaran vasūlī
uccidere (vt)	मारना	mārana
assassinio (m)	हत्या (f)	hatya
assassino (m)	हत्यारा (m)	hatyāra
sparo (m)	गोली (m)	golī
tirare un colpo	गोली चलाना	golī chalāna
abbattere (con armi da fuoco)	गोली मारकर हत्या करना	golī mārakar hatya karana
sparare (vi)	गोली चलाना	golī chalāna
sparatoria (f)	गोलीबारी (f)	golībārī
incidente (m) (rissa, ecc.)	घटना (f)	ghatana
rissa (f)	झगड़ा (m)	jhagara
Aiuto!	बचाओ!	bachao!
vittima (f)	शिकार (m)	shikār
danneggiare (vt)	हानि पहुँचाना	hāni pahunchāna
danno (m)	नुक्सान (m)	nuksān
cadavere (m)	शव (m)	shav
grave (reato ~)	गंभीर	gambhīr
aggredire (vt)	आक्रमण करना	ākraman karana
picchiare (vt)	पीटना	pītana
malmenare (picchiare)	पीट जाना	pīt jāna
sottrarre (vt)	लूटना	lūtana
accoltellare a morte	चाकू से मार डालना	chākū se mār dālana
mutilare (vt)	अपाहिज करना	apāhij karana
ferire (vt)	घाव करना	ghāv karana
ricatto (m)	ब्लैकमेल (m)	blaikamel
ricattare (vt)	धमकी से रुपया ऐंठना	dhamakī se rupaya ainthana
ricattatore (m)	ब्लैकमेलर (m)	blaikamelar
estorsione (f)	ठग व्यापार (m)	thag vyāpār

estortore (m)	ठग व्यापारी (m)	thag vyāpārī
gangster (m)	गैंगस्टर (m)	gaingastar
mafia (f)	माफ़िया (f)	māfiya
borseggiatore (m)	जेबकतरा (m)	jebakatara
scassinatore (m)	सेंधमार (m)	sendhamār
contrabbando (m)	तस्करी (m)	taskarī
contrabbandiere (m)	तस्कर (m)	taskar
falsificazione (f)	जालसाज़ी (f)	jālasāzī
falsificare (vt)	जलसाज़ी करना	jalasāzī karana
falso, falsificato (agg)	नक़ली	naqalī

119. Infrangere la legge. Criminali. Parte 2

stupro (m)	बलात्कार (m)	balātkār
stuprare (vt)	बलात्कार करना	balātkār karana
stupratore (m)	बलात्कारी (m)	balātkārī
maniaco (m)	कामोन्मादी (m)	kāmonmādī
prostituta (f)	वैश्या (f)	vaishya
prostituzione (f)	वेश्यावृत्ति (m)	veshyāvrtti
magnaccia (m)	भड़ुआ (m)	bharua
drogato (m)	नशेबाज़ (m)	nashebāz
trafficante (m) di droga	नशीली दवा के विक्रेता (m)	nashīlī dava ke vikreta
far esplodere	विस्फोट करना	visfot karana
esplosione (f)	विस्फोट (m)	visfot
incendiare (vt)	आग जलाना	āg jalāna
incendiario (m)	आग जलानेवाला (m)	āg jalānevāla
terrorismo (m)	आतंकवाद (m)	ātankavād
terrorista (m)	आतंकवादी (m)	ātankavādī
ostaggio (m)	बंधक (m)	bandhak
imbrogliare (vt)	धोखा देना	dhokha dena
imbroglio (m)	धोखा (m)	dhokha
imbroglione (m)	धोखेबाज़ (m)	dhokhebāz
corrompere (vt)	रिश्वत देना	rishvat dena
corruzione (f)	रिश्वतखोरी (m)	rishvatakhorī
bustarella (f)	रिश्वत (m)	rishvat
veleno (m)	ज़हर (m)	zahar
avvelenare (vt)	ज़हर खिलाना	zahar khilāna
avvelenarsi (vr)	ज़हर खाना	zahar khāna
suicidio (m)	आत्महत्या (f)	ātmahatya
suicida (m)	आत्महत्यारा (m)	ātmahatyāra
minacciare (vt)	धमकाना	dhamakāna
minaccia (f)	धमकी (f)	dhamakī
attentare (vi)	प्रयत्न करना	prayatn karana

attentato (m)	हत्या का प्रयत्न (m)	hatya ka prayatn
rubare (~ una macchina)	चुराना	churāna
dirottare (~ un aereo)	विमान का अपहरण करना	vimān ka apaharan karana
vendetta (f)	बदला (m)	badala
vendicare (vt)	बदला लेना	badala lena
torturare (vt)	घोर शरीरिक यंत्रणा पहुंचाना	ghor sharīrik yantrana pahunchāna
tortura (f)	घोर शरीरिक यंत्रणा (f)	ghor sharīrik yantrana
maltrattare (vt)	सताना	satāna
pirata (m)	समुद्री लूटेरा (m)	samudrī lūtera
teppista (m)	बदमाश (m)	badamāsh
armato (agg)	सशस्त्र	sashastr
violenza (f)	अत्यचार (m)	atyachār
spionaggio (m)	जासूसी (f)	jāsūsī
spiare (vi)	जासूसी करना	jāsūsī karana

120. Polizia. Legge. Parte 1

giustizia (f)	मुक़दमा (m)	muqadama
tribunale (m)	न्यायालय (m)	nyāyālay
giudice (m)	न्यायाधीश (m)	nyāyādhīsh
giurati (m)	जूरी सदस्य (m pl)	jūrī sadasy
processo (m) con giuria	जूरी (f)	jūrī
giudicare (vt)	मुक़दमा सुनना	muqadama sunana
avvocato (m)	वकील (m)	vakīl
imputato (m)	मुलज़िम (m)	mulazim
banco (m) degli imputati	अदालत का कठघरा (m)	adālat ka kathaghara
accusa (f)	आरोप (m)	ārop
accusato (m)	मुलज़िम (m)	mulazim
condanna (f)	निर्णय (m)	nirnay
condannare (vt)	निर्णय करना	nirnay karana
colpevole (m)	दोषी (m)	doshī
punire (vt)	सज़ा देना	saza dena
punizione (f)	सज़ा (f)	saza
multa (f), ammenda (f)	जुर्माना (m)	jurmāna
ergastolo (m)	आजीवन करावास (m)	ājīvan karāvās
pena (f) di morte	मृत्युदंड (m)	mrtyudand
sedia (f) elettrica	बिजली की कुर्सी (f)	bijalī kī kursī
impiccagione (f)	फांसी का तख़्ता (m)	fānsī ka takhta
giustiziare (vt)	फांसी देना	fānsī dena
esecuzione (f)	मौत की सज़ा (f)	maut kī saza
prigione (f)	जेल (f)	jel
cella (f)	जेल का कमरा (m)	jel ka kamara

scorta (f)	अनुरक्षक दल (m)	anurakshak dal
guardia (f) carceraria	जेल का पहरेदार (m)	jel ka paharedār
prigioniero (m)	क़ैदी (m)	qaidī
manette (f pl)	हथकड़ी (f)	hathakarī
mettere le manette	हथकड़ी लगाना	hathakarī lagāna
fuga (f)	काराभंग (m)	kārābhang
fuggire (vi)	जेल से फरार हो जाना	jel se farār ho jāna
scomparire (vi)	ग़ायब हो जाना	gāyab ho jāna
liberare (vt)	जेल से आज़ाद होना	jel se āzād hona
amnistia (f)	राजक्षमा (f)	rājakshama
polizia (f)	पुलिस (m)	pulis
poliziotto (m)	पुलिसवाला (m)	pulisavāla
commissariato (m)	थाना (m)	thāna
manganello (m)	रबड़ की लाठी (f)	rabar kī lāthī
altoparlante (m)	मेगाफ़ोन (m)	megāfon
macchina (f) di pattuglia	गश्त कार (f)	gasht kār
sirena (f)	साइरन (f)	sairan
mettere la sirena	साइरन बजाना	sairan bajāna
suono (m) della sirena	साइरन की चिल्लाहट (m)	sairan kī chillāhat
luogo (m) del crimine	घटना स्थल (m)	ghatana sthal
testimone (m)	गवाह (m)	gavāh
libertà (f)	आज़ादी (f)	āzādī
complice (m)	सह अपराधी (m)	sah aparādhī
fuggire (vi)	भाग जाना	bhāg jāna
traccia (f)	निशान (m)	nishān

121. Polizia. Legge. Parte 2

ricerca (f) (~ di un criminale)	तफ़तीश (f)	tafatīsh
cercare (vt)	तफ़तीश करना	tafatīsh karana
sospetto (m)	शक (m)	shak
sospetto (agg)	शक करना	shak karana
fermare (vt)	रोकना	rokana
arrestare (qn)	रोक के रखना	rok ke rakhana
causa (f)	मुकदमा (m)	mukadama
inchiesta (f)	जांच (f)	jānch
detective (m)	जासूस (m)	jāsūs
investigatore (m)	जांचकर्ता (m)	jānchakartta
versione (f)	अंदाज़ा (m)	andāza
movente (m)	वजह (f)	vajah
interrogatorio (m)	पूछताछ (f)	pūchhatāchh
interrogare (sospetto)	पूछताछ करना	pūchhatāchh karana
interrogare (vicini)	पूछताछ करना	puchhatāchh karana
controllo (m) (~ di polizia)	जांच (f)	jānch
retata (f)	घेराव (m)	gherāv
perquisizione (f)	तलाशी (f)	talāshī

Italiano	Hindi	Traslitterazione
inseguimento (m)	पीछा (m)	pīchha
inseguire (vt)	पीछा करना	pīchha karana
essere sulle tracce	खोज निकालना	khoj nikālana
arresto (m)	गिरफ़्तारी (f)	giraftārī
arrestare (qn)	गिरफ़्तार करना	giraftār karana
catturare (~ un ladro)	पकड़ना	pakarana
cattura (f)	पकड़ (m)	pakar
documento (m)	दस्तावेज़ (m)	dastāvez
prova (f), reperto (m)	सबूत (m)	sabūt
provare (vt)	साबित करना	sābit karana
impronta (f) del piede	पैरों के निशान (m)	pairon ke nishān
impronte (f pl) digitali	उंगलियों के निशान (m)	ungaliyon ke nishān
elemento (m) di prova	सबूत (m)	sabūt
alibi (m)	अन्यत्रता (m)	anyatrata
innocente (agg)	बेगुनाह	begunāh
ingiustizia (f)	अन्याय (m)	anyāy
ingiusto (agg)	अन्यायपूर्ण	anyāyapūrn
criminale (agg)	आपराधिक	āparādhik
confiscare (vt)	कुर्क करना	kurk karana
droga (f)	अवैध पदार्थ (m)	avaidh padārth
armi (f pl)	हथियार (m)	hathiyār
disarmare (vt)	निरस्त्र करना	nirastr karana
ordinare (vt)	हुक्म देना	hukm dena
sparire (vi)	गायब होना	gāyab hona
legge (f)	कानून (m)	kānūn
legale (agg)	कानूनी	kānūnī
illegale (agg)	अवैध	avaidh
responsabilità (f)	ज़िम्मेदारी (f)	zimmedārī
responsabile (agg)	ज़िम्मेदार	zimmedār

LA NATURA

La Terra. Parte 1

122. L'Universo

cosmo (m)	अंतरिक्ष (m)	antariksh
cosmico, spaziale (agg)	अंतरिक्षीय	antarikshīy
spazio (m) cosmico	अंतरिक्ष (m)	antariksh
universo, mondo (m)	ब्रह्माण्ड (m)	brahmānd
galassia (f)	आकाशगंगा (f)	ākāshaganga
stella (f)	सितारा (m)	sitāra
costellazione (f)	नक्षत्र (m)	nakshatr
pianeta (m)	ग्रह (m)	grah
satellite (m)	उपग्रह (m)	upagrah
meteorite (m)	उल्का पिंड (m)	ulka pind
cometa (f)	पुच्छल तारा (m)	puchchhal tāra
asteroide (m)	ग्रहिका (f)	grahika
orbita (f)	ग्रहपथ (m)	grahapath
ruotare (vi)	चक्कर लगना	chakkar lagana
atmosfera (f)	वातावरण (m)	vātāvaran
il Sole	सूरज (m)	sūraj
sistema (m) solare	सौर प्रणाली (f)	saur pranālī
eclisse (f) solare	सूर्य ग्रहण (m)	sūry grahan
la Terra	पृथ्वी (f)	prthvī
la Luna	चांद (m)	chānd
Marte (m)	मंगल (m)	mangal
Venere (f)	शुक्र (m)	shukr
Giove (m)	बृहस्पति (m)	brhaspati
Saturno (m)	शनि (m)	shani
Mercurio (m)	बुध (m)	budh
Urano (m)	अरुण (m)	arun
Nettuno (m)	वरुण (m)	varūn
Plutone (m)	प्लूटो (m)	plūto
Via (f) Lattea	आकाश गंगा (f)	ākāsh ganga
Orsa (f) Maggiore	सप्तर्षिमंडल (m)	saptarshimandal
Stella (f) Polare	ध्रुव तारा (m)	dhruv tāra
marziano (m)	मंगल ग्रह का निवासी (m)	mangal grah ka nivāsī
extraterrestre (m)	अन्य नक्षत्र का निवासी (m)	any nakshatr ka nivāsī
alieno (m)	अन्य नक्षत्र का निवासी (m)	any nakshatr ka nivāsī

T&P Books. Vocabolario Italiano-Hindi per studio autodidattico - 5000 parole

disco (m) volante	उड़न तश्तरी (f)	uran tashtarī
nave (f) spaziale	अंतरिक्ष विमान (m)	antariksh vimān
stazione (f) spaziale	अंतरिक्ष अड्डा (m)	antariksh adda
lancio (m)	चालू करना (m)	chālū karana
motore (m)	इंजन (m)	injan
ugello (m)	नोज़ल (m)	nozal
combustibile (m)	ईंधन (m)	īndhan
cabina (f) di pilotaggio	केबिन (m)	kebin
antenna (f)	एरियल (m)	eriyal
oblò (m)	विमान गवाक्ष (m)	vimān gavāksh
batteria (f) solare	सौर पेनल (m)	saur penal
scafandro (m)	अंतरिक्ष पोशाक (m)	antariksh poshāk
imponderabilità (f)	भारहीनता (m)	bhārahīnata
ossigeno (m)	आक्सीजन (m)	āksījan
aggancio (m)	डॉकिंग (f)	doking
agganciarsi (vr)	डॉकिंग करना	doking karana
osservatorio (m)	वेधशाला (m)	vedhashāla
telescopio (m)	दूरबीन (f)	dūrabīn
osservare (vt)	देखना	dekhana
esplorare (vt)	जाँचना	jānchana

123. La Terra

la Terra	पृथ्वी (f)	prthvī
globo (m) terrestre	गोला (m)	gola
pianeta (m)	ग्रह (m)	grah
atmosfera (f)	वातावरण (m)	vātāvaran
geografia (f)	भूगोल (m)	bhūgol
natura (f)	प्रकृति (f)	prakrti
mappamondo (m)	गोलक (m)	golak
carta (f) geografica	नक्शा (m)	naksha
atlante (m)	मानचित्रावली (f)	mānachitrāvalī
Europa (f)	यूरोप (m)	yūrop
Asia (f)	एशिया (f)	eshiya
Africa (f)	अफ्रीका (m)	afrīka
Australia (f)	ऑस्ट्रेलिया (m)	ostreliya
America (f)	अमेरिका (f)	amerika
America (f) del Nord	उत्तरी अमेरिका (f)	uttarī amerika
America (f) del Sud	दक्षिणी अमेरिका (f)	dakshinī amerika
Antartide (f)	अंटार्कटिक (m)	antārkatik
Artico (m)	आर्कटिक (m)	ārkatik

124. Punti cardinali

Italiano	Hindi	Traslitterazione
nord (m)	उत्तर (m)	uttar
a nord	उत्तर की ओर	uttar kī or
al nord	उत्तर में	uttar men
del nord (agg)	उत्तरी	uttarī
sud (m)	दक्षिण (m)	dakshin
a sud	दक्षिण की ओर	dakshin kī or
al sud	दक्षिण में	dakshin men
del sud (agg)	दक्षिणी	dakshinī
ovest (m)	पश्चिम (m)	pashchim
a ovest	पश्चिम की ओर	pashchim kī or
all'ovest	पश्चिम में	pashchim men
dell'ovest, occidentale	पश्चिमी	pashchimī
est (m)	पूर्व (m)	pūrv
a est	पूर्व की ओर	pūrv kī or
all'est	पूर्व में	pūrv men
dell'est, orientale	पूर्वी	pūrvī

125. Mare. Oceano

Italiano	Hindi	Traslitterazione
mare (m)	सागर (m)	sāgar
oceano (m)	महासागर (m)	mahāsāgar
golfo (m)	खाड़ी (f)	khāṛī
stretto (m)	जलग्रीवा (m)	jalagrīva
continente (m)	महाद्वीप (m)	mahādvīp
isola (f)	द्वीप (m)	dvīp
penisola (f)	प्रायद्वीप (m)	prāyadvīp
arcipelago (m)	द्वीप समूह (m)	dvīp samūh
baia (f)	तट-खाड़ी (f)	tat-khāṛī
porto (m)	बंदरगाह (m)	bandaragāh
laguna (f)	लैगून (m)	laigūn
capo (m)	अंतरीप (m)	antarīp
atollo (m)	एटोल (m)	etol
scogliera (f)	रीफ़ (m)	rīf
corallo (m)	प्रवाल (m)	pravāl
barriera (f) corallina	प्रवाल रीफ़ (m)	pravāl rīf
profondo (agg)	गहरा	gahara
profondità (f)	गहराई (f)	gaharaī
abisso (m)	रसातल (m)	rasātal
fossa (f) (~ delle Marianne)	गढ़ा (m)	garha
corrente (f)	धारा (f)	dhāra
circondare (vt)	घिरा होना	ghira hona
litorale (m)	किनारा (m)	kināra
costa (f)	तटबंध (m)	tatabandh

Italiano	Hindi	Traslitterazione
alta marea (f)	ज्वार (m)	jvār
bassa marea (f)	भाटा (m)	bhāta
banco (m) di sabbia	रेती (f)	retī
fondo (m)	तला (m)	tala
onda (f)	तरंग (f)	tarang
cresta (f) dell'onda	तरंग शिखर (f)	tarang shikhar
schiuma (f)	झाग (m)	jhāg
uragano (m)	तूफान (m)	tufān
tsunami (m)	सुनामी (f)	sunāmī
bonaccia (f)	शांत (m)	shānt
tranquillo (agg)	शांत	shānt
polo (m)	ध्रुव (m)	dhruv
polare (agg)	ध्रुवीय	dhruvīy
latitudine (f)	अक्षांश (m)	akshānsh
longitudine (f)	देशान्तर (m)	deshāntar
parallelo (m)	समांतर-रेखा (f)	samāntar-rekha
equatore (m)	भूमध्य रेखा (f)	bhūmadhy rekha
cielo (m)	आकाश (f)	ākāsh
orizzonte (m)	क्षितिज (m)	kshitij
aria (f)	हवा (f)	hava
faro (m)	प्रकाशस्तंभ (m)	prakāshastambh
tuffarsi (vr)	गोता मारना	gota mārana
affondare (andare a fondo)	डूब जाना	dūb jāna
tesori (m)	खज़ाना (m)	khazāna

126. Nomi dei mari e degli oceani

Italiano	Hindi	Traslitterazione
Oceano (m) Atlantico	अटलांटिक महासागर (m)	atalāntik mahāsāgar
Oceano (m) Indiano	हिन्द महासागर (m)	hind mahāsāgar
Oceano (m) Pacifico	प्रशांत महासागर (m)	prashānt mahāsāgar
mar (m) Glaciale Artico	उत्तरी ध्रुव महासागर (m)	uttarī dhuv mahāsāgar
mar (m) Nero	काला सागर (m)	kāla sāgar
mar (m) Rosso	लाल सागर (m)	lāl sāgar
mar (m) Giallo	पीला सागर (m)	pīla sāgar
mar (m) Bianco	सफ़ेद सागर (m)	safed sāgar
mar (m) Caspio	कैस्पियन सागर (m)	kaispiyan sāgar
mar (m) Morto	मृत सागर (m)	mrt sāgar
mar (m) Mediterraneo	भूमध्य सागर (m)	bhūmadhy sāgar
mar (m) Egeo	ईजियन सागर (m)	ījiyan sāgar
mar (m) Adriatico	एड्रिएटिक सागर (m)	edrietik sāgar
mar (m) Arabico	अरब सागर (m)	arab sāgar
mar (m) del Giappone	जापान सागर (m)	jāpān sāgar
mare (m) di Bering	बेरिंग सागर (m)	bering sāgar
mar (m) Cinese meridionale	दक्षिण चीन सागर (m)	dakshin chīn sāgar

mar (m) dei Coralli	कोरल सागर (m)	koral sāgar
mar (m) di Tasman	तस्मान सागर (m)	tasmān sāgar
mar (m) dei Caraibi	करिबियन सागर (m)	karibiyan sāgar

| mare (m) di Barents | बैरेंट्स सागर (m) | bairents sāgar |
| mare (m) di Kara | काड़ा सागर (m) | kāra sāgar |

mare (m) del Nord	उत्तर सागर (m)	uttar sāgar
mar (m) Baltico	बाल्टिक सागर (m)	bāltik sāgar
mare (m) di Norvegia	नार्वे सागर (m)	nārve sāgar

127. Montagne

monte (m), montagna (f)	पहाड़ (m)	pahār
catena (f) montuosa	पर्वत माला (f)	parvat māla
crinale (m)	पहाड़ों का सिलसिला (m)	pahāron ka silasila

cima (f)	चोटी (f)	chotī
picco (m)	शिखर (m)	shikhar
piedi (m pl)	तलहटी (f)	talahatī
pendio (m)	ढलान (f)	dhalān

vulcano (m)	ज्वालामुखी (m)	jvālāmukhī
vulcano (m) attivo	सक्रिय ज्वालामुखी (m)	sakriy jvālāmukhī
vulcano (m) inattivo	निष्क्रिय ज्वालामुखी (m)	nishkriy jvālāmukhī

eruzione (f)	विस्फोटन (m)	visfotan
cratere (m)	ज्वालामुखी का मुख (m)	jvālāmukhī ka mukh
magma (m)	मैग्मा (m)	maigma
lava (f)	लावा (m)	lāva
fuso (lava ~a)	पिघला हुआ	pighala hua

canyon (m)	घाटी (m)	ghātī
gola (f)	तंग घाटी (f)	tang ghātī
crepaccio (m)	दरार (m)	darār

passo (m), valico (m)	मार्ग (m)	mārg
altopiano (m)	पठार (m)	pathār
falesia (f)	शिला (f)	shila
collina (f)	टीला (m)	tīla

ghiacciaio (m)	हिमनद (m)	himanad
cascata (f)	झरना (m)	jharana
geyser (m)	उष्ण जल स्रोत (m)	ushn jal srot
lago (m)	तालाब (m)	tālāb

pianura (f)	समतल प्रदेश (m)	samatal pradesh
paesaggio (m)	परिदृश्य (m)	paridrshy
eco (f)	गूँज (f)	gūnj

alpinista (m)	पर्वतारोही (m)	parvatārohī
scalatore (m)	पर्वतारोही (m)	parvatārohī
conquistare (~ una cima)	चोटी पर पहुँचना	chotī par pahunchana
scalata (f)	चढ़ाव (m)	charhāv

128. Nomi delle montagne

Italiano	Hindi	Traslitterazione
Alpi (f pl)	आल्पस (m)	ālpas
Monte (m) Bianco	मोन्ट ब्लैंक (m)	mont blaink
Pirenei (m pl)	पाइरीनीज़ (f pl)	pairīnīz
Carpazi (m pl)	कार्पाथियेन्स (m)	kārpāthiyens
gli Urali (m pl)	यूरल (m)	yūral
Caucaso (m)	कोकेशिया के पहाड़ (m)	kokeshiya ke pahār
Monte (m) Elbrus	एल्ब्रस पर्वत (m)	elbras parvat
Monti (m pl) Altai	अल्टाई पर्वत (m)	altaī parvat
Tien Shan (m)	तियान शान (m)	tiyān shān
Pamir (m)	पामीर पर्वत (m)	pāmīr parvat
Himalaia (m)	हिमालय (m)	himālay
Everest (m)	माउंट एवरेस्ट (m)	maunt evarest
Ande (f pl)	एंडीज़ (f pl)	endīz
Kilimangiaro (m)	किलीमन्जारो (m)	kilīmanjāro

129. Fiumi

Italiano	Hindi	Traslitterazione
fiume (m)	नदी (f)	nadī
fonte (f) (sorgente)	झरना (m)	jharana
letto (m) (~ del fiume)	नदी तल (m)	nadī tal
bacino (m)	बेसिन (m)	besin
sfociare nel ...	गिरना	girana
affluente (m)	उपनदी (f)	upanadī
riva (f)	तट (m)	tat
corrente (f)	धारा (f)	dhāra
a valle	बहाव के साथ	bahāv ke sāth
a monte	बहाव के विरुद्ध	bahāv ke viruddh
inondazione (f)	बाढ़ (f)	bārh
piena (f)	बाढ़ (f)	bārh
straripare (vi)	उमड़ना	umarana
inondare (vt)	पानी से भरना	pānī se bharana
secca (f)	छिछला पानी (m)	chhichhala pānī
rapida (f)	तेज़ उतार (m)	tez utār
diga (f)	बांध (m)	bāndh
canale (m)	नहर (f)	nahar
bacino (m) di riserva	जलाशय (m)	jalāshay
chiusa (f)	स्लूस (m)	slūs
specchio (m) d'acqua	जल स्रोत (m)	jal srot
palude (f)	दलदल (f)	daladal
pantano (m)	दलदल (f)	daladal
vortice (m)	भंवर (m)	bhanvar
ruscello (m)	झरना (m)	jharana

potabile (agg)	पीने का	pīne ka
dolce (di acqua ~)	ताज़ा	tāza
ghiaccio (m)	बर्फ़ (m)	barf
ghiacciarsi (vr)	जम जाना	jam jāna

130. Nomi dei fiumi

Senna (f)	सीन (f)	sīn
Loira (f)	लॉयर (f)	loyar
Tamigi (m)	थेम्स (f)	thems
Reno (m)	राइन (f)	rain
Danubio (m)	डेन्यूब (f)	denyūb
Volga (m)	वोल्गा (f)	volga
Don (m)	डॉन (f)	don
Lena (f)	लेना (f)	lena
Fiume (m) Giallo	ह्वांग हे (f)	hvāng he
Fiume (m) Azzurro	यांग्त्ज़ी (f)	yāngtzī
Mekong (m)	मेकांग (f)	mekāng
Gange (m)	गंगा (f)	ganga
Nilo (m)	नील (f)	nīl
Congo (m)	कांगो (f)	kāngo
Okavango	ओकावान्गो (f)	okāvāngo
Zambesi (m)	ज़म्बेज़ी (f)	zambezī
Limpopo (m)	लिम्पोपो (f)	limpopo
Mississippi (m)	मिसिसिपी (f)	misisipī

131. Foresta

foresta (f)	जंगल (m)	jangal
forestale (agg)	जंगली	jangalī
foresta (f) fitta	घना जंगल (m)	ghana jangal
boschetto (m)	उपवान (m)	upavān
radura (f)	खुला छोटा मैदान (m)	khula chhota maidān
roveto (m)	झाड़ियाँ (f pl)	jhāriyān
boscaglia (f)	झाड़ियों भरा मैदान (m)	jhāriyon bhara maidān
sentiero (m)	फुटपाथ (m)	futapāth
calanco (m)	नाली (f)	nālī
albero (m)	पेड़ (m)	per
foglia (f)	पत्ता (m)	patta
fogliame (m)	पत्तियां (f)	pattiyān
caduta (f) delle foglie	पतझड़ (m)	patajhar
cadere (vi)	गिरना	girana

Italian	Hindi	Translit
cima (f)	शिखर (m)	shikhar
ramo (m), ramoscello (m)	टहनी (f)	tahanī
ramo (m)	शाखा (f)	shākha
gemma (f)	कलिका (f)	kalika
ago (m)	सुई (f)	suī
pigna (f)	शंकुफल (m)	shankufal
cavità (f)	खोखला (m)	khokhala
nido (m)	घोंसला (m)	ghonsala
tana (f) (del fox, ecc.)	बिल (m)	bil
tronco (m)	तना (m)	tana
radice (f)	जड़ (f)	jar
corteccia (f)	छाल (f)	chhāl
musco (m)	काई (f)	kaī
sradicare (vt)	उखाड़ना	ukhārana
abbattere (~ un albero)	काटना	kātana
disboscare (vt)	जंगल काटना	jangal kātana
ceppo (m)	ठूंठ (m)	thūnth
falò (m)	अलाव (m)	alāv
incendio (m) boschivo	जंगल की आग (f)	jangal kī āg
spegnere (vt)	आग बुझाना	āg bujhāna
guardia (f) forestale	वनरक्षक (m)	vanarakshak
protezione (f)	रक्षा (f)	raksha
proteggere (~ la natura)	रक्षा करना	raksha karana
bracconiere (m)	चोर शिकारी (m)	chor shikārī
tagliola (f) (~ per orsi)	फंदा (m)	fanda
raccogliere (vt)	बटोरना	batorana
perdersi (vr)	रास्ता भूलना	rāsta bhūlana

132. Risorse naturali

Italian	Hindi	Translit
risorse (f pl) naturali	प्राकृतिक संसाधन (m pl)	prākrtik sansādhan
minerali (m pl)	खनिज पदार्थ (m pl)	khanij padārth
deposito (m) (~ di carbone)	तह (f pl)	tah
giacimento (m) (~ petrolifero)	क्षेत्र (m)	kshetr
estrarre (vt)	खोदना	khodana
estrazione (f)	खनिकर्म (m)	khanikarm
minerale (m) grezzo	अयस्क (m)	ayask
miniera (f)	खान (f)	khān
pozzo (m) di miniera	शैफ़ट (m)	shaifat
minatore (m)	खनिक (m)	khanik
gas (m)	गैस (m)	gais
gasdotto (m)	गैस पाइप लाइन (m)	gais paip lain
petrolio (m)	पेट्रोल (m)	petrol
oleodotto (m)	तेल पाइप लाइन (m)	tel paip lain
torre (f) di estrazione	तेल का कुँआ (m)	tel ka kuna

torre (f) di trivellazione	डेरिक (m)	derik
petroliera (f)	टैंकर (m)	tainkar
sabbia (f)	रेत (m)	ret
calcare (m)	चूना पत्थर (m)	chūna patthar
ghiaia (f)	बजरी (f)	bajarī
torba (f)	पीट (m)	pīt
argilla (f)	मिट्टी (f)	mittī
carbone (m)	कोयला (m)	koyala
ferro (m)	लोहा (m)	loha
oro (m)	सोना (m)	sona
argento (m)	चाँदी (f)	chāndī
nichel (m)	गिलट (m)	gilat
rame (m)	ताँबा (m)	tānba
zinco (m)	जस्ता (m)	jasta
manganese (m)	अयस (m)	ayas
mercurio (m)	पारा (f)	pāra
piombo (m)	सीसा (f)	sīsa
minerale (m)	खनिज (m)	khanij
cristallo (m)	क्रिस्टल (m)	kristal
marmo (m)	संगमरमर (m)	sangamaramar
uranio (m)	यूरेनियम (m)	yūreniyam

La Terra. Parte 2

133. Tempo

tempo (m)	मौसम (m)	mausam
previsione (f) del tempo	मौसम का पूर्वानुमान (m)	mausam ka pūrvānumān
temperatura (f)	तापमान (m)	tāpamān
termometro (m)	थर्मामीटर (m)	tharmāmītar
barometro (m)	बैरोमीटर (m)	bairomītar
umidità (f)	नमी (f)	namī
caldo (m), afa (f)	गरमी (f)	garamī
molto caldo (agg)	गरम	garam
fa molto caldo	गरमी है	garamī hai
fa caldo	गरम है	garam hai
caldo, mite (agg)	गरम	garam
fa freddo	ठंडक है	thandak hai
freddo (agg)	ठंडा	thanda
sole (m)	सूरज (m)	sūraj
splendere (vi)	चमकना	chamakana
di sole (una giornata ~)	धूपदार	dhūpadār
sorgere, levarsi (vr)	उगना	ugana
tramontare (vi)	डूबना	dūbana
nuvola (f)	बादल (m)	bādal
nuvoloso (agg)	मेघाच्छादित	meghāchchhādit
nube (f) di pioggia	घना बादल (m)	ghana bādal
nuvoloso (agg)	बदली	badalī
pioggia (f)	बारिश (f)	bārish
piove	बारिश हो रही है	bārish ho rahī hai
piovoso (agg)	बरसाती	barasātī
piovigginare (vi)	बूंदाबांदी होना	būndābāndī hona
pioggia (f) torrenziale	मूसलधार बारिश (f)	mūsaladhār bārish
acquazzone (m)	मूसलधार बारिश (f)	mūsaladhār bārish
forte (una ~ pioggia)	भारी	bhārī
pozzanghera (f)	पोखर (m)	pokhar
bagnarsi (~ sotto la pioggia)	भीगना	bhīgana
foschia (f), nebbia (f)	कुहरा (m)	kuhara
nebbioso (agg)	कुहरेदार	kuharedār
neve (f)	बर्फ़ (f)	barf
nevica	बर्फ़ पड़ रही है	barf par rahī hai

134. Rigide condizioni metereologiche. Disastri naturali

temporale (m)	गरजवाला तुफ़ान (m)	garajavāla tufān
fulmine (f)	बिजली (m)	bijalī
lampeggiare (vi)	चमकना	chamakana
tuono (m)	गरज (m)	garaj
tuonare (vi)	बादल गरजना	bādal garajana
tuona	बादल गरज रहा है	bādal garaj raha hai
grandine (f)	ओला (m)	ola
grandina	ओले पड़ रहे हैं	ole par rahe hain
inondare (vt)	बाढ़ आ जाना	bārh ā jāna
inondazione (f)	बाढ़ (f)	bārh
terremoto (m)	भूकंप (m)	bhūkamp
scossa (f)	झटका (m)	jhataka
epicentro (m)	अधिकेंद्र (m)	adhikendr
eruzione (f)	उद्गार (m)	udgār
lava (f)	लावा (m)	lāva
tromba (f) d'aria	बवंडर (m)	bavandar
tornado (m)	टोर्नेडो (m)	tornedo
tifone (m)	रतूफ़ान (m)	ratūfān
uragano (m)	समुद्री तूफ़ान (m)	samudrī tūfān
tempesta (f)	तूफ़ान (m)	tufān
tsunami (m)	सुनामी (f)	sunāmī
ciclone (m)	चक्रवात (m)	chakravāt
maltempo (m)	ख़राब मौसम (m)	kharāb mausam
incendio (m)	आग (f)	āg
disastro (m)	प्रलय (m)	pralay
meteorite (m)	उल्का पिंड (m)	ulka pind
valanga (f)	हिमस्खलन (m)	himaskhalan
slavina (f)	हिमस्खलन (m)	himaskhalan
tempesta (f) di neve	बर्फ़ का तूफ़ान (m)	barf ka tūfān
bufera (f) di neve	बर्फ़ीला तूफ़ान (m)	barfila tūfān

Fauna

135. Mammiferi. Predatori

predatore (m)	परभक्षी (m)	parabhakshī
tigre (f)	बाघ (m)	bāgh
leone (m)	शेर (m)	sher
lupo (m)	भेड़िया (m)	bheriya
volpe (m)	लोमड़ी (f)	lomri
giaguaro (m)	जागुआर (m)	jāguār
leopardo (m)	तेंदुआ (m)	tendua
ghepardo (m)	चीता (m)	chīta
pantera (f)	काला तेंदुआ (m)	kāla tendua
puma (f)	पहाड़ी बिलाव (m)	pahādī bilāv
leopardo (m) delle nevi	हिम तेंदुआ (m)	him tendua
lince (f)	वन बिलाव (m)	van bilāv
coyote (m)	कोयोट (m)	koyot
sciacallo (m)	गीदड़ (m)	gīdar
iena (f)	लकड़बग्घा (m)	lakarabaggha

136. Animali selvatici

animale (m)	जानवर (m)	jānavar
bestia (f)	जानवर (m)	jānavar
scoiattolo (m)	गिलहरी (f)	gilaharī
riccio (m)	कांटा-चूहा (m)	kānta-chūha
lepre (f)	खरगोश (m)	kharagosh
coniglio (m)	खरगोश (m)	kharagosh
tasso (m)	बिज्जू (m)	bijjū
procione (f)	रैकून (m)	raikūn
criceto (m)	हैम्स्टर (m)	haimstar
marmotta (f)	मारमोट (m)	māramot
talpa (f)	छछूंदर (m)	chhachhūndar
topo (m)	चूहा (m)	chūha
ratto (m)	घूस (m)	ghūs
pipistrello (m)	चमगादड़ (m)	chamagādar
ermellino (m)	नेवला (m)	nevala
zibellino (m)	सेबल (m)	sebal
martora (f)	मारटेन (m)	māraten
donnola (f)	नेवला (m)	nevala
visone (m)	मिंक (m)	mink

castoro (m)	ऊदबिलाव (m)	ūdabilāv
lontra (f)	ऊदबिलाव (m)	ūdabilāv
cavallo (m)	घोड़ा (m)	ghora
alce (m)	मूस (m)	mūs
cervo (m)	हिरण (m)	hiran
cammello (m)	ऊंट (m)	ūnt
bisonte (m) americano	बाइसन (m)	baisan
bisonte (m) europeo	जंगली बैल (m)	jangalī bail
bufalo (m)	भैंस (m)	bhains
zebra (f)	ज़ेबरा (m)	zebara
antilope (f)	मृग (f)	mrg
capriolo (m)	मृगनी (f)	mrgnī
daino (m)	चीतल (m)	chītal
camoscio (m)	शैमी (f)	shaimī
cinghiale (m)	जंगली सुअर (m)	jangalī suār
balena (f)	ह्वेल (f)	hvel
foca (f)	सील (m)	sīl
tricheco (m)	वॉलरस (m)	volaras
otaria (f)	फर सील (f)	far sīl
delfino (m)	डॉलफ़िन (f)	dolafin
orso (m)	रीछ (m)	rīchh
orso (m) bianco	सफ़ेद रीछ (m)	safed rīchh
panda (m)	पांडा (m)	pānda
scimmia (f)	बंदर (m)	bandar
scimpanzè (m)	वनमानुष (m)	vanamānush
orango (m)	वनमानुष (m)	vanamānush
gorilla (m)	गोरिला (m)	gorila
macaco (m)	अफ़्रिकन लंगूर (m)	afrikan langūr
gibbone (m)	गिब्बन (m)	gibban
elefante (m)	हाथी (m)	hāthī
rinoceronte (m)	गैंडा (m)	gainda
giraffa (f)	जिराफ़ (m)	jirāf
ippopotamo (m)	दरियाई घोड़ा (m)	dariyaī ghora
canguro (m)	कंगारू (m)	kangārū
koala (m)	कोआला (m)	koāla
mangusta (f)	नेवला (m)	nevala
cincillà (f)	चिनचीला (f)	chinachīla
moffetta (f)	स्कंक (m)	skank
istrice (m)	शल्यक (f)	shalyak

137. Animali domestici

gatta (f)	बिल्ली (f)	billī
gatto (m)	बिल्ला (m)	billa
cane (m)	कुत्ता (m)	kutta

cavallo (m)	घोड़ा (m)	ghora
stallone (m)	घोड़ा (m)	ghora
giumenta (f)	घोड़ी (f)	ghorī
mucca (f)	गाय (f)	gāy
toro (m)	बैल (m)	bail
bue (m)	बैल (m)	bail
pecora (f)	भेड़ (f)	bher
montone (m)	भेड़ा (m)	bhera
capra (f)	बकरी (f)	bakarī
caprone (m)	बकरा (m)	bakara
asino (m)	गधा (m)	gadha
mulo (m)	खच्चर (m)	khachchar
porco (m)	सुअर (m)	suar
porcellino (m)	घेंटा (m)	ghenta
coniglio (m)	खरगोश (m)	kharagosh
gallina (f)	मुर्गी (f)	murgī
gallo (m)	मुर्गा (m)	murga
anatra (f)	बतख़ (f)	battakh
maschio (m) dell'anatra	नर बतख़ (m)	nar battakh
oca (f)	हंस (m)	hans
tacchino (m)	नर टर्की (m)	nar tarkī
tacchina (f)	टर्की (f)	tarkī
animali (m pl) domestici	घरेलू पशु (m pl)	gharelū pashu
addomesticato (agg)	पालतू	pālatū
addomesticare (vt)	पालतू बनाना	pālatū banāna
allevare (vt)	पालना	pālana
fattoria (f)	खेत (m)	khet
pollame (m)	मुर्गी पालन (f)	murgī pālan
bestiame (m)	मवेशी (m)	maveshī
branco (m), mandria (f)	पशु समूह (m)	pashu samūh
scuderia (f)	अस्तबल (m)	astabal
porcile (m)	सूअरखाना (m)	sūarakhāna
stalla (f)	गोशाला (f)	goshāla
conigliera (f)	खरगोश का दरबा (m)	kharagosh ka daraba
pollaio (m)	मुर्गीखाना (m)	murgīkhāna

138. Uccelli

uccello (m)	चिड़िया (f)	chiriya
colombo (m), piccione (m)	कबूतर (m)	kabūtar
passero (m)	गौरैया (f)	gauraiya
cincia (f)	टिटरी (f)	titarī
gazza (f)	नीलकण्ठ पक्षी (f)	nīlakanth pakshī
corvo (m)	काला कौआ (m)	kāla kaua

T&P Books. Vocabolario Italiano-Hindi per studio autodidattico - 5000 parole

cornacchia (f)	कौआ (m)	kaua
taccola (f)	कौआ (m)	kaua
corvo (m) nero	कौआ (m)	kaua
anatra (f)	बत्तख़ (f)	battakh
oca (f)	हंस (m)	hans
fagiano (m)	तीतर (m)	tītar
aquila (f)	चील (f)	chīl
astore (m)	बाज़ (m)	bāz
falco (m)	बाज़ (m)	bāz
grifone (m)	गिद्ध (m)	giddh
condor (m)	कॉन्डोर (m)	kondor
cigno (m)	राजहंस (m)	rājahans
gru (f)	सारस (m)	sāras
cicogna (f)	लकलक (m)	lakalak
pappagallo (m)	तोता (m)	tota
colibrì (m)	हमिंग बर्ड (f)	haming bard
pavone (m)	मोर (m)	mor
struzzo (m)	शुतुरमुर्ग (m)	shuturamurg
airone (m)	बगुला (m)	bagula
fenicottero (m)	फ़्लैमिन्गो (m)	flemingo
pellicano (m)	हवासिल (m)	havāsil
usignolo (m)	बुलबुल (m)	bulabul
rondine (f)	अबाबील (f)	abābīl
tordo (m)	मुखव्रण (f)	mukhavran
tordo (m) sasello	मुखव्रण (f)	mukhavran
merlo (m)	ब्लैकबर्ड (m)	blaikabard
rondone (m)	बतासी (f)	batāsī
allodola (f)	भरत (m)	bharat
quaglia (f)	वर्तक (m)	varttak
picchio (m)	कठफोड़ा (m)	kathafora
cuculo (m)	कोयल (f)	koyal
civetta (f)	उल्लू (m)	ullū
gufo (m) reale	गरुड़ उल्लू (m)	garūr ullū
urogallo (m)	तीतर (m)	tītar
fagiano (m) di monte	काला तीतर (m)	kāla tītar
pernice (f)	चकोर (m)	chakor
storno (m)	तिलिया (f)	tiliya
canarino (m)	कनारी (f)	kanārī
francolino (m) di monte	पिंगल तीतर (m)	pingal tītar
fringuello (m)	फ़्रिंच (m)	finch
ciuffolotto (m)	बुलफ़्रिंच (m)	bulafinch
gabbiano (m)	गंगा-चिल्ली (f)	ganga-chillī
albatro (m)	अल्बात्रोस (m)	albātros
pinguino (m)	पेंगुइन (m)	penguin

139. Pesci. Animali marini

Italiano	Hindi	Traslitterazione
abramide (f)	ब्रीम (f)	brīm
carpa (f)	कार्प (f)	kārp
perca (f)	पर्च (f)	parch
pesce (m) gatto	कैटफ़िश (f)	kaitafish
luccio (m)	पाइक (f)	paik
salmone (m)	सैल्मन (f)	sailman
storione (m)	स्टर्जन (f)	starjan
aringa (f)	हेरिंग (f)	hering
salmone (m)	अटलांटिक सैल्मन (f)	atalāntik sailman
scombro (m)	मार्कैल (f)	mākrail
sogliola (f)	फ़्लैटफ़िश (f)	flaitafish
lucioperca (f)	पाइक पर्च (f)	paik parch
merluzzo (m)	कॉड (f)	kod
tonno (m)	टूना (f)	tūna
trota (f)	ट्राउट (f)	traut
anguilla (f)	सर्पमीन (f)	sarpamīn
torpedine (f)	विद्युत शंकुश (f)	vidyut shankush
murena (f)	मोरे सर्पमीन (f)	more sarpamīn
piranha (f)	पिरान्हा (f)	pirānha
squalo (m)	शार्क (f)	shārk
delfino (m)	डॉलफ़िन (f)	dolafin
balena (f)	ह्वेल (f)	hvel
granchio (m)	केकड़ा (m)	kekara
medusa (f)	जेली फ़िश (f)	jelī fish
polpo (m)	आक्टोपस (m)	āktopas
stella (f) marina	स्टार फ़िश (f)	stār fish
riccio (m) di mare	जलसाही (f)	jalasāhī
cavalluccio (m) marino	समुद्री घोड़ा (m)	samudrī ghora
ostrica (f)	कस्तूरा (m)	kastūra
gamberetto (m)	झींगा (f)	jhīnga
astice (m)	लॉब्सटर (m)	lobsatar
aragosta (f)	स्पाइनी लॉब्सटर (m)	spainī lobsatar

140. Anfibi. Rettili

Italiano	Hindi	Traslitterazione
serpente (m)	सर्प (m)	sarp
velenoso (agg)	विषैला	vishaila
vipera (f)	वाइपर (m)	vaipar
cobra (m)	नाग (m)	nāg
pitone (m)	अजगर (m)	ajagar
boa (m)	अजगर (m)	ajagar
biscia (f)	साँप (f)	sānp

serpente (m) a sonagli	रैटल सर्प (m)	raital sarp
anaconda (f)	एनाकोन्डा (f)	enākonda
lucertola (f)	छिपकली (f)	chhipakalī
iguana (f)	इग्यूएना (m)	igyūena
varano (m)	मॉनिटर छिपकली (f)	monitar chhipakalī
salamandra (f)	सैलामैंडर (m)	sailāmaindar
camaleonte (m)	गिरगिट (m)	giragit
scorpione (m)	वृश्चिक (m)	vrshchik
tartaruga (f)	कछुआ (m)	kachhua
rana (f)	मेंढक (m)	mendhak
rospo (m)	भेक (m)	bhek
coccodrillo (m)	मगर (m)	magar

141. Insetti

insetto (m)	कीट (m)	kīt
farfalla (f)	तितली (f)	titalī
formica (f)	चींटी (f)	chīntī
mosca (f)	मक्खी (f)	makkhī
zanzara (f)	मच्छर (m)	machchhar
scarabeo (m)	भृंग (m)	bhrng
vespa (f)	हड्डा (m)	hadda
ape (f)	मधुमक्खी (f)	madhumakkhī
bombo (m)	भंवरा (m)	bhanvara
tafano (m)	गोमक्खी (f)	gomakkhī
ragno (m)	मकड़ी (f)	makarī
ragnatela (f)	मकड़ी का जाल (m)	makarī ka jāl
libellula (f)	व्याध-पतंग (m)	vyādh-patang
cavalletta (f)	टिड्डा (m)	tidda
farfalla (f) notturna	पतंगा (m)	patanga
scarafaggio (m)	तिलचट्टा (m)	tilachatta
zecca (f)	जुँआ (m)	juna
pulce (f)	पिस्सू (m)	pissū
moscerino (m)	भुनगा (m)	bhunaga
locusta (f)	टिड्डी (f)	tiddī
lumaca (f)	घोंघा (m)	ghongha
grillo (m)	झींगुर (m)	jhīngur
lucciola (f)	जुगनू (m)	juganū
coccinella (f)	सोनपंखी (f)	sonapankhī
maggiolino (m)	कोकचाफ़ (m)	kokachāf
sanguisuga (f)	जोंक (m)	jok
bruco (m)	इल्ली (f)	illī
verme (m)	केंचुआ (m)	kenchua
larva (f)	कीटडिंभ (m)	kītadimbh

Flora

142. Alberi

albero (m)	पेड़ (m)	per
deciduo (agg)	पर्णपाती	parnapātī
conifero (agg)	शंकुधर	shankudhar
sempreverde (agg)	सदाबहार	sadābahār
melo (m)	सेब वृक्ष (m)	seb vrksh
pero (m)	नाशपाती का पेड़ (m)	nāshpātī ka per
ciliegio (m), amareno (m)	चेरी का पेड़ (f)	cherī ka per
prugno (m)	आलूबुख़ारे का पेड़ (m)	ālūbukhāre ka per
betulla (f)	सनोबर का पेड़ (m)	sanobar ka per
quercia (f)	बलूत (m)	balūt
tiglio (m)	लिनडेन वृक्ष (m)	linaden vrksh
pioppo (m) tremolo	आस्पेन वृक्ष (m)	āspen vrksh
acero (m)	मेपल (m)	mepal
abete (m)	फर का पेड़ (m)	far ka per
pino (m)	देवदार (m)	devadār
larice (m)	लार्च (m)	lārch
abete (m) bianco	फर (m)	far
cedro (m)	देवदर (m)	devadar
pioppo (m)	पोप्लर वृक्ष (m)	poplar vrksh
sorbo (m)	रोवाण (m)	rovān
salice (m)	विलो (f)	vilo
alno (m)	आल्डर वृक्ष (m)	āldar vrksh
faggio (m)	बीच (m)	bīch
olmo (m)	एल्म वृक्ष (m)	elm vrksh
frassino (m)	एश-वृक्ष (m)	esh-vrksh
castagno (m)	चेस्टनट (m)	chestanat
magnolia (f)	मैगनोलिया (f)	maiganoliya
palma (f)	ताड़ का पेड़ (m)	tār ka per
cipresso (m)	सरो (m)	saro
mangrovia (f)	मैनग्रोव (m)	mainagrov
baobab (m)	गोरक्षी (m)	gorakshī
eucalipto (m)	यूकेलिप्टस (m)	yūkeliptas
sequoia (f)	सेकोइया (f)	sekoiya

143. Arbusti

cespuglio (m)	झाड़ी (f)	jhārī
arbusto (m)	झाड़ी (f)	jhārī

vite (f)	अंगूर की बेल (f)	angūr kī bel
vigneto (m)	अंगूर का बाग़ (m)	angūr ka bāg
lampone (m)	रास्पबेरी की झाड़ी (f)	rāspaberī kī jhārī
ribes (m) rosso	लाल करेंट की झाड़ी (f)	lāl karent kī jhārī
uva (f) spina	गूज़बेरी की झाड़ी (f)	gūzaberī kī jhārī
acacia (f)	ऐकेशिय (m)	aikeshiy
crespino (m)	बारबेरी झाड़ी (f)	bāraberī jhārī
gelsomino (m)	चमेली (f)	chamelī
ginepro (m)	जूनिपर (m)	jūnipar
roseto (m)	गुलाब की झाड़ी (f)	gulāb kī jhārī
rosa (f) canina	जंगली गुलाब (m)	jangalī gulāb

144. Frutti. Bacche

frutto (m)	फल (m)	fal
frutti (m pl)	फल (m pl)	fal
mela (f)	सेब (m)	seb
pera (f)	नाश्पाती (f)	nāshpātī
prugna (f)	आलूबुखारा (m)	ālūbukhāra
fragola (f)	स्ट्रॉबेरी (f)	stroberī
amarena (f), ciliegia (f)	चेरी (f)	cherī
uva (f)	अंगूर (m)	angūr
lampone (m)	रास्पबेरी (f)	rāspaberī
ribes (m) nero	काली करेंट (f)	kālī karent
ribes (m) rosso	लाल करेंट (f)	lāl karent
uva (f) spina	गूज़बेरी (f)	gūzaberī
mirtillo (m) di palude	क्रेनबेरी (f)	krenaberī
arancia (f)	संतरा (m)	santara
mandarino (m)	नारंगी (f)	nārangī
ananas (m)	अनानास (m)	anānās
banana (f)	केला (m)	kela
dattero (m)	खजूर (m)	khajūr
limone (m)	नींबू (m)	nīmbū
albicocca (f)	खूबानी (f)	khūbānī
pesca (f)	आड़ू (m)	ārū
kiwi (m)	चीकू (m)	chīkū
pompelmo (m)	ग्रेपफ्रूट (m)	grepafrūt
bacca (f)	बेरी (f)	berī
bacche (f pl)	बेरियां (f pl)	beriyān
mirtillo (m) rosso	काओबेरी (f)	kaoberī
fragola (f) di bosco	जंगली स्ट्रॉबेरी (f)	jangalī stroberī
mirtillo (m)	बिलबेरी (f)	bilaberī

145. Fiori. Piante

Italiano	Hindi	Traslitterazione
fiore (m)	फूल (m)	fūl
mazzo (m) di fiori	गुलदस्ता (m)	guladasta
rosa (f)	गुलाब (f)	gulāb
tulipano (m)	ट्यूलिप (m)	tyūlip
garofano (m)	गुलनार (m)	gulanār
gladiolo (m)	ग्लेडियोलस (m)	glediyolas
fiordaliso (m)	नीलकूपी (m)	nīlakūpī
campanella (f)	ब्लूबेल (m)	blūbel
soffione (m)	कुकरौंधा (m)	kukaraundha
camomilla (f)	कैमोमाइल (m)	kaimomail
aloe (m)	मुसब्बर (m)	musabbar
cactus (m)	कैक्टस (m)	kaiktas
ficus (m)	रबड़ का पौधा (m)	rabar ka paudha
giglio (m)	कुमुदिनी (f)	kumudinī
geranio (m)	जेरेनियम (m)	jeraniyam
giacinto (m)	हायसिंथ (m)	hāyasinth
mimosa (f)	मिमोसा (m)	mimosa
narciso (m)	नरगिस (f)	naragis
nasturzio (m)	नस्टाशयम (m)	nastāshayam
orchidea (f)	आर्किड (m)	ārkid
peonia (f)	पियोनी (m)	piyonī
viola (f)	वॉयलेट (m)	voyalet
viola (f) del pensiero	पैंज़ी (m pl)	painzī
nontiscordardimé (m)	फर्गेट मी नाट (m)	fargent mī nāt
margherita (f)	गुलबहार (f)	gulabahār
papavero (m)	खशखाश (m)	khashakhāsh
canapa (f)	भांग (f)	bhāng
menta (f)	पुदीना (m)	pudīna
mughetto (m)	कामुदिनी (f)	kāmudinī
bucaneve (m)	सफ़ेद फूल (m)	safed fūl
ortica (f)	बिच्छू बूटी (f)	bichchhū būtī
acetosa (f)	सोरेल (m)	sorel
ninfea (f)	कुमुदिनी (f)	kumudinī
felce (f)	फर्न (m)	farn
lichene (m)	शैवाक (m)	shaivāk
serra (f)	शीशाघर (m)	shīshāghar
prato (m) erboso	घास का मैदान (m)	ghās ka maidān
aiuola (f)	फुलवारी (f)	fulavārī
pianta (f)	पौधा (m)	paudha
erba (f)	घास (f)	ghās
filo (m) d'erba	तिनका (m)	tinaka

foglia (f)	पत्ती (f)	pattī
petalo (m)	पंखड़ी (f)	pankharī
stelo (m)	डंडी (f)	dandī
tubero (m)	कंद (m)	kand
germoglio (m)	अंकुर (m)	ankur
spina (f)	कांटा (m)	kānta
fiorire (vi)	खिलना	khilana
appassire (vi)	मुरझाना	murajhāna
odore (m), profumo (m)	बू (m)	bū
tagliare (~ i fiori)	काटना	kātana
cogliere (vt)	तोड़ना	torana

146. Cereali, granaglie

grano (m)	दाना (m)	dāna
cereali (m pl)	अनाज की फ़सलें (m pl)	anāj kī fasalen
spiga (f)	बाल (f)	bāl
frumento (m)	गेहूं (m)	gehūn
segale (f)	रई (f)	raī
avena (f)	जई (f)	jaī
miglio (m)	बाजरा (m)	bājara
orzo (m)	जौ (m)	jau
mais (m)	मक्का (m)	makka
riso (m)	चावल (m)	chāval
grano (m) saraceno	मोथी (m)	mothī
pisello (m)	मटर (m)	matar
fagiolo (m)	राजमा (f)	rājama
soia (f)	सोया (m)	soya
lenticchie (f pl)	दाल (m)	dāl
fave (f pl)	फली (f pl)	falī

PAESI. NAZIONALITÀ

147. Europa occidentale

Europa (f)	यूरोप (m)	yūrop
Unione (f) Europea	यूरोपीय संघ (m)	yūropīy sangh
Austria (f)	ऑसट्रिया (m)	ostriya
Gran Bretagna (f)	ग्रेट ब्रिटेन (m)	gret briten
Inghilterra (f)	इंग्लैंड (m)	inglaind
Belgio (m)	बेल्जियम (m)	beljiyam
Germania (f)	जर्मन (m)	jarman
Paesi Bassi (m pl)	नीदरलैंड्स (m)	nīdaralainds
Olanda (f)	हॉलैंड (m)	holaind
Grecia (f)	ग्रीस (m)	grīs
Danimarca (f)	डेन्मार्क (m)	denmārk
Irlanda (f)	आयरलैंड (m)	āyaralaind
Islanda (f)	आयसलैंड (m)	āyasalaind
Spagna (f)	स्पेन (m)	spen
Italia (f)	इटली (m)	italī
Cipro (m)	साइप्रस (m)	saipras
Malta (f)	माल्टा (m)	mālta
Norvegia (f)	नार्वे (m)	nārve
Portogallo (f)	पुर्तगाल (m)	purtagāl
Finlandia (f)	फ़िनलैंड (m)	finalaind
Francia (f)	फ्रांस (m)	frāns
Svezia (f)	स्वीडन (m)	svīdan
Svizzera (f)	स्विट्ज़रलैंड (m)	svitzaralaind
Scozia (f)	स्कॉटलैंड (m)	skotalaind
Vaticano (m)	वेटिकन (m)	vetikan
Liechtenstein (m)	लिकटेंस्टीन (m)	likatenstīn
Lussemburgo (m)	लक्ज़मबर्ग (m)	lakzamabarg
Monaco (m)	मोनाको (m)	monāko

148. Europa centrale e orientale

Albania (f)	अल्बानिया (m)	albāniya
Bulgaria (f)	बुल्गारिया (m)	bulgāriya
Ungheria (f)	हंगरी (m)	hangarī
Lettonia (f)	लाटविया (m)	lātavīya
Lituania (f)	लिथुआनिया (m)	lithuāniya
Polonia (f)	पोलैंड (m)	polaind

Romania (f)	रोमानिया (m)	romāniya
Serbia (f)	सर्बिया (m)	sarbiya
Slovacchia (f)	स्लोवाकिया (m)	slovākiya
Croazia (f)	क्रोएशिया (m)	kroeshiya
Repubblica (f) Ceca	चेक गणतंत्र (m)	chek ganatantr
Estonia (f)	एस्तोनिया (m)	estoniya
Bosnia-Erzegovina (f)	बोस्निया और हर्ज़ेगोविना	bosniya aur harzegovina
Macedonia (f)	मेसेडोनिया (m)	mesedoniya
Slovenia (f)	स्लोवेनिया (m)	sloveniya
Montenegro (m)	मोंटेनेग्रो (m)	montenegro

149. Paesi dell'ex Unione Sovietica

Azerbaigian (m)	आज़रबाइजान (m)	āzarabaijān
Armenia (f)	आर्मीनिया (m)	ārmīniya
Bielorussia (f)	बेलारूस (m)	belārūs
Georgia (f)	जॉर्जिया (m)	jorjiya
Kazakistan (m)	कज़ाकस्तान (m)	kazākastān
Kirghizistan (m)	किर्गीज़िया (m)	kirgīziya
Moldavia (f)	मोलडोवा (m)	moladova
Russia (f)	रूस (m)	rūs
Ucraina (f)	यूक्रेन (m)	yūkren
Tagikistan (m)	ताज़िकिस्तान (m)	tājikistān
Turkmenistan (m)	तुर्कमानिस्तान (m)	turkamānistān
Uzbekistan (m)	उज़्बेकिस्तान (m)	uzbekistān

150. Asia

Asia (f)	एशिया (f)	eshiya
Vietnam (m)	वियतनाम (m)	viyatanām
India (f)	भारत (m)	bhārat
Israele (m)	इसायल (m)	isrāyal
Cina (f)	चीन (m)	chīn
Libano (m)	लेबनान (m)	lebanān
Mongolia (f)	मंगोलिया (m)	mangoliya
Malesia (f)	मलेशिया (m)	maleshiya
Pakistan (m)	पाकिस्तान (m)	pākistān
Arabia Saudita (f)	सऊदी अरब (m)	saūdī arab
Tailandia (f)	थाईलैंड (m)	thaīlaind
Taiwan (m)	ताइवान (m)	taivān
Turchia (f)	तुर्की (f)	turkī
Giappone (m)	जापान (m)	jāpān
Afghanistan (m)	अफ़ग़ानिस्तान (m)	afagānistān
Bangladesh (m)	बांग्लादेश (m)	bānglādesh

| Indonesia (f) | इण्डोनेशिया (m) | indoneshiya |
| Giordania (f) | जॉर्डन (m) | jordan |

Iraq (m)	इराक़ (m)	irāq
Iran (m)	इरान (m)	irān
Cambogia (f)	कम्बोडिया (m)	kambodiya
Kuwait (m)	कुवैत (m)	kuvait

Laos (m)	लाओस (m)	laos
Birmania (f)	म्यांमर (m)	myāmmar
Nepal (m)	नेपाल (m)	nepāl
Emirati (m pl) Arabi	संयुक्त अरब अमीरात (m)	sanyukt arab amīrāt

Siria (f)	सीरिया (m)	sīriya
Palestina (f)	फिलिस्तीन (m)	filistīn
Corea (f) del Sud	दक्षिण कोरिया (m)	dakshin koriya
Corea (f) del Nord	उत्तर कोरिया (m)	uttar koriya

151. America del Nord

Stati (m pl) Uniti d'America	संयुक्त राज्य अमरीका (m)	sanyukt rājy amarīka
Canada (m)	कनाडा (m)	kanāda
Messico (m)	मेक्सिको (m)	meksiko

152. America centrale e America del Sud

Argentina (f)	अर्जेंटीना (m)	arjentīna
Brasile (m)	ब्राज़ील (m)	brāzīl
Colombia (f)	कोलम्बिया (m)	kolambiya
Cuba (f)	क्यूबा (m)	kyūba
Cile (m)	चिली (m)	chilī

Bolivia (f)	बोलीविया (m)	bolīviya
Venezuela (f)	वेनेज़ुएला (m)	venezuela
Paraguay (m)	पराग्ुआ (m)	parāgua
Perù (m)	पेरू (m)	perū
Suriname (m)	सूरीनाम (m)	sūrīnām
Uruguay (m)	उरुग्वे (m)	urugve
Ecuador (m)	इक्वेडोर (m)	ikvedor

Le Bahamas	बहामा (m)	bahāma
Haiti (m)	हाइटी (m)	haitī
Repubblica (f) Dominicana	डोमिनिकन रिपब्लिक (m)	dominikan ripablik
Panama (m)	पनामा (m)	panāma
Giamaica (f)	जमैका (m)	jamaika

153. Africa

| Egitto (m) | मिस्र (m) | misr |
| Marocco (m) | मोरक्को (m) | morakko |

Tunisia (f)	ट्युनीसिया (m)	tyunīsiya
Ghana (m)	घाना (m)	ghāna
Zanzibar	ज़ैंज़िबार (m)	zainzibār
Kenya (m)	केन्या (m)	kenya
Libia (f)	लीबिया (m)	līibya
Madagascar (m)	मडागास्कर (m)	madāgāskār
Namibia (f)	नामीबिया (m)	nāmībiya
Senegal (m)	सेनेगाल (m)	senegāl
Tanzania (f)	तंज़ानिया (m)	tanzāniya
Repubblica (f) Sudafricana	दक्षिण अफ्रीका (m)	dakshin afrīka

154. Australia. Oceania

Australia (f)	आस्ट्रेलिया (m)	āstreliya
Nuova Zelanda (f)	न्यू ज़ीलैंड (m)	nyū zīlaind
Tasmania (f)	तास्मानिया (m)	tāsmāniya
Polinesia (f) Francese	फ्रेंच पॉलीनेशिया (m)	french polīneshiya

155. Città

L'Aia	हेग (m)	heg
Amburgo	हैम्बर्ग (m)	haimbarg
Amsterdam	एम्स्टर्डम (m)	emstardam
Ankara	अंकारा (m)	ankāra
Atene	एथेन्स (m)	ethens
L'Avana	हवाना (m)	havāna
Baghdad	बगदाद (m)	bagadād
Bangkok	बैंकॉक (m)	bainkok
Barcellona	बार्सिलोना (m)	bārsilona
Beirut	बेरूत (m)	berūt
Berlino	बर्लिन (m)	barlin
Bombay, Mumbai	मुम्बई (m)	mumbī
Bonn	बॉन (m)	bon
Bordeaux	बोर्दी (m)	bordo
Bratislava	ब्राटीस्लावा (m)	brātīslāva
Bruxelles	ब्रसेल्स (m)	brasels
Bucarest	बुखारेस्ट (m)	bukhārest
Budapest	बुडापेस्ट (m)	budāpest
Il Cairo	काहिरा (m)	kāhira
Calcutta	कोलकाता (m)	kolakāta
Chicago	शिकागो (m)	shikāgo
Città del Messico	मेक्सिको सिटी (f)	meksiko sitī
Copenaghen	कोपनहेगन (m)	kopanahegan
Dar es Salaam	दार-एस-सलाम (m)	dār-es-salām
Delhi	दिल्ली (f)	dillī
Dubai	दुबई (m)	dubī

Dublino	डब्लिन (m)	dablin
Düsseldorf	डसेलडोर्फ़ (m)	daseladorf
Firenze	फ्लोरेंस (m)	florens
Francoforte	फ्रैंकफ़र्ट (m)	frainkfart
Gerusalemme	यरूशलम (m)	yarūshalam
Ginevra	जेनेवा (m)	jeneva
Hanoi	हनोई (m)	hanoī
Helsinki	हेलसिंकी (m)	helasinkī
Hiroshima	हिरोशीमा (m)	hiroshīma
Hong Kong	हांगकांग (m)	hāngakāng
Istanbul	इस्तांबुल (m)	istāmbul
Kiev	कीव (m)	kīv
Kuala Lumpur	कुआला लुम्पुर (m)	kuāla lumpur
Lione	लिओन (m)	lion
Lisbona	लिस्बन (m)	lisban
Londra	लंदन (m)	landan
Los Angeles	लॉस एंजेलेस (m)	los enjeles
Madrid	मेड्रिड (m)	medrid
Marsiglia	मार्सेल (m)	mārsel
Miami	मियामी (m)	miyāmī
Monaco di Baviera	म्यूनिख़ (m)	myūnikh
Montreal	मांट्रियल (m)	māntriyal
Mosca	मॉस्को (m)	mosko
Nairobi	नैरोबी (m)	nairobī
Napoli	नेपल्स (m)	nepals
New York	न्यू यॉर्क (m)	nyū york
Nizza	नीस (m)	nīs
Oslo	ओस्लो (m)	oslo
Ottawa	ओटावा (m)	otāva
Parigi	पेरिस (m)	peris
Pechino	बीजिंग (m)	bījing
Praga	प्राग (m)	prāg
Rio de Janeiro	रिओ डे जैनेरो (m)	rio de jainero
Roma	रोम (m)	rom
San Pietroburgo	सेंट पीटरस्बर्ग (m)	sent pītarasbarg
Seoul	सियोल (m)	siyol
Shanghai	शंघाई (m)	shanghaī
Sidney	सिडनी (m)	sidanī
Singapore	सिंगापुर (m)	singāpur
Stoccolma	स्टॉकहोम (m)	stokahom
Taipei	ताइपे (m)	taipe
Tokio	टोकियो (m)	tokiyo
Toronto	टोरोन्टो (m)	toronto
Varsavia	वॉरसों (m)	voraso
Venezia	वीनिस (m)	vīnis
Vienna	विएना (m)	viena
Washington	वॉशिंग्टन (m)	voshingtan

www.ingramcontent.com/pod-product-compliance
Lightning Source LLC
Chambersburg PA
CBHW070604050426
42450CB00011B/2981